ECHZELLER GESCHICHTSHEFTE

Heft 14

Herausgegeben vom

Heimat- und Geschichtsverein Echzell e.V.

2017

Gedruckt mit finanzieller Unterstützung der Gemeinde Echzell

Redaktion: Dr. Jochen Degkwitz

© 2017 Heimat- und Geschichtsverein Echzell e.V.
vertreten durch den Vorstand
Dr. Jochen Degkwitz, 1. Vorsitzender
Dr. Jörg Lindenthal, stv. Vorsitzender
Helmut Noll, Schatzmeister

Titelbild: Grabstein auf dem jüdischen Friedhof von Echzell
Foto: Dr. Jochen Degkwitz

Verlag: tradition GmbH, Hamburg

ISBN 978-3-7345-6347-8 (Paperback)

Printed in Germany

Inhalt:

Echzell im
dreißigjährigen Kriege

Von Ernst H. Siebeck (1877 - 1947)
Pfarrer in Echzell von 1926 - 1945

Nach dem Abdruck in sechs Folgen
im Oberhessischen Anzeiger von 1937,
(auch erschienen in Friedberger Geschichtsblätter Band 13/1938),

mit Anmerkungen von Dr. Jochen Degkwitz

Wenn der Pfarrer heutzutage so vielen dazu behilflich ist, ihre Ahnen festzustellen[1], so dringt er wie kaum einer seiner Amtsvorgänger in die Kirchenbücher ein. Einmal freilich, vor etwa 70 Jahren, haben sich einzelne Pfarrer schon recht eingehend mit den Kirchenbüchern beschäftigt, als sie nämlich die für die heutige Ahnenforschung so wertvollen Familienregister aufstellten. An Hand dieser Register kann man die Familien eines Ortes soweit zurückverfolgen, wie die Kirchenbücher reichen. Über das Ende des dreißigjährigen Krieges zurück reichen sie allerdings nur in wenigen Gemeinden. Denn in diesem Kriege sind die damals vorhandenen Bücher fast allerorts verloren gegangen. Aber

---

[1] Die Kirchen mussten ab 1933 bei der Erstellung des so genannten „Ariernachweises" mitwirken und den Staatsbehörden Auskünfte aus ihren Kirchenbüchern erteilten, die vor das 18. Jahrhundert zurückreichten.

es sind doch vielfach andere Akten und Urkunden erhalten geblieben. Und darin finden sich, wenn auch nicht alle, so doch viele Namen von Ortsbewohnern. Das ist namentlich der Fall bei den Kirchenrechnungen. Sie enthalten lange Verzeichnisse solcher, die der Kirche für einen Acker oder eine sonstige Liegenschaft zinspflichtig waren oder die aus den Kirchenkapitalien Geld geliehen hatten. Die Verpflichtungen und Schulden vererbten sich meist in den Familien. Wenn wir in einer Rechnung nun etwa lesen: 5 fl. von 100 fl. Henrich Stoll modo (d. h. jetzt) Wilhelm Stoll, so können wir mit ziemlicher Sicherheit annehmen, dass Wilhelm Stoll der Sohn des Henrich Stoll war. 30 Jahre vorher lesen wir dann vielleicht: Caspar modo Henrich Stoll, und wir haben in Caspar den Großvater des Wilhelm Stoll gefunden. Heißt es aber Henrich Stoll modo Peter Wolf, so ist anzunehmen, dass Peter Wolf der Schwiegersohn des Henrich Stoll gewesen ist. Auf diese Weise kommt man weit über die Kirchenbücher zurück, wenn etwa, wie in Echzell, Kirchenrechnungen seit 1540 vorhanden sind. Die Pfarrei besitzt deren von 1540 bis 1648, wo die Kirchenbücher beginnen, über 100, und zwar dreifache Rechnungen: die Kastenrechnung (1. Pfarrei), die Rechnung der Altäre St. Crucis und Nicolai (Caplanei oder 2. Pfarrei), und die Rechnung des Marienaltars, dessen Einkünfte seit der Reformation hauptsächlich für Schulzwecke bestimmt waren. Und wenn nun auch jede der drei Rechnungen manche Lücke aufweist, so ergänzen sie sich doch untereinander, so dass von 1540 bis 1648 nur zwei Jahre ganz fehlen. Noch weiter zurück kommen wir durch das Salbuch vom Jahre 1538, das Verzeichnis der Grundstücke und Hofreiten, die der Kirch irgendwie zinspflichtig waren. Darin ist auch fortlaufend bis gegen Ende des 16. Jahrhunderts bemerkt, an wen die Verpflichtungen übergingen, auch wieder meist von Vater auf Sohn oder Schwiegersohn.

Alle diese Namen herauszuziehen und ihre Zusammenhänge festzustellen, ist eine zeitraubende und auch ziemlich langweilige Arbeit. Aber der Pfarrer dringt dadurch doch in alle diese Akten und Urkunden ein und gewinnt an Hand dieser Arbeit wertvolle Aufschlüsse auch in geschichtlicher und kulturgeschichtlicher Hinsicht.

So sind die folgenden Darlegungen entstanden. Von der Familiengeschichte wird darin abgesehen; sie erforderte eine besondere Bearbeitung. Aber es soll gezeigt werden, was die Träger der Namen und die Familien in der Zeit von 1618 bis 1648 alles erlebt und erlitten haben. Wenn Echzell auch nicht in der glücklichen Lage ist, eine so unvergleichliche Darstellung jener so schweren Zeit zu besitzen, wie Wetterfeld sie von der Hand seines Pfarrers Cervinus[2] hat, so besteht doch die Möglichkeit, aus den Kirchenrechnungen eine Chronik des dreißigjährigen Krieges zusammenzustellen. Im Folgenden wird durch „W. Chr." immer wieder auf das Buch „Wetterfelder Chronik" (Gießen, J Rickersche Buchhandlung, 1882)[3] hingewiesen werden, dessen Erläuterungen durch Friedrich Graf zu Solms-Laubach und dessen geschichtlicher Anhang von Wilhelm Matthäi von jedem benutzt werden müssen, der im Bereich der Wetterau den dreißigjährigen Krieg darstellen will. Er kann sich sonst kaum im Durcheinander der Kriegszüge, die unsere Gegend berührten, zurechtfinden, und er erhält auch sonst Aufschlüsse wertvollster Art. Nur ist für einen, der die Geschichte eines Hessen-Darmstädtischen Ortes bearbeitet, zu beachten, dass Wetterfeld solmsisch war und Hessen-Darmstadt einer- und Solms andererseits auf entgegengesetzter Seite standen, so dass die zugehörigen Gebiete zu gleicher Zeit von einander feindlichen Truppen besetzt sein konnten.

Die Wetterau wurde erst im Jahre 1620 vom Kriege berührt, und von kriegerischen Ereignissen erfahren wir in den Echzeller Rechnungen erst im Jahre 1626, wiewohl schon 1620 Truppen in der Gegend lagen (s. W. Chr.). Wenn sich Deutschland vor dem Kriege und auch noch zu Anfang desselben eines großen Wohlstandes erfreute, so scheinen die Zustände doch nichts weniger als sicher gewesen zu sein. Die Kirchenrechnungen enthalten in einem mit „Um Gottes willen"

---

[2] Johannes Cervinus, um 1579-1659, Pfarrer in Wetterfeld.

[3] Das Buch steht online als Digitalisat zur Verfügung unter http://www.archive.org/stream/wetterfelderchr00hirsgoog#page/n1/mode/2up Zwei längere Passagen, auf die Siebeck verweist und die für das Verständnis seines Textes wichtig erscheinen, werden hier gleichwohl als Fußnoten wörtlich wiedergegeben.

überschriebenen Abschnitt jährlich ein Verzeichnis von Gaben, die aus den Kirchenkassen an allerlei Bedürftige, „sowohl in- wie ausländische" gegeben wurden. Das „Ausland" darf man freilich nicht zu weit suchen, es begann für Echzell schon an der Reichelsheimer Brücke; denn Ausland ist alles, was nicht dem Landesherrn des Ortes gehört, und in Reichelsheim begann Nassauisches Gebiet. Nach dem Verzeichnis von 1618 wurden unterstützt ein armer Mann, von Freibeutern beraubt, ein gleichfalls beraubter Krämer von Wetzlar. Und Philips Nigrinus, der Enkel des 1602 verstorbenen Echzeller Metropolitans Georg Nigrinus und Sohn des 1613 zu Bingenheim an der Pest gestorbenen Pfarrers Caspar Nigrinus bekam 1½ Gulden (fl.) zu einem Mantel, „denn ihm der seinige gestohlen worden". Unsicher waren auch die Geldverhältnisse. Wir befinden uns ja am Anfang des Krieges in der Zeit der „Kipper und Wipper", worüber man in Gustav Freitags Bildern aus der deutschen Vergangenheit, 3. Band, Kap. 4, und in W. Chr. S 169 ff. Näheres nachlesen wolle.[4] Eine Menge Münzen verschiedenster

---

[4] Wetterfelder Chronik, Kapitel X, S. 168 – 172:
„In eben denselben Jahren, in denen Böhmen und das südwestliche Deutschland durch den böhmisch-pfälzischen Krieg (1618–23) verheert wurde, wurde unser gesamtes Vaterland von einem anderen Übel heimgesucht. Es war dies das Unwesen der Kipper (von kippen = abschneiden) und Wipper (von „wippen" = wägen) d.h. der Münzverschlechterer und Münzwucherer. Die eigentümliche politische Gestalt Deutschlands leistete dem Übel außerordentlichen Vorschub. Zur Zeit des dreißigjährigen Krieges bestand nämlich das deutsche Reich aus etwa 200–300 größeren, ziemlich selbständigen Gebieten, welche seit 1512 in zehn Kreise geteilt waren. Die Grafschaft Solms-Laubach gehörte zu dem oberrheinischen Kreise, welcher sich von Basel auf dem linken Rheinufer abwärts und dann von Mainz an auf dem rechten Ufer des Stromes bis nach Kassel erstreckte. Er umfasste an weltlichen Territorien: das Herzogtum Lothringen, die Landgrafschaften Hessen-Darmstadt und Hessen Kassel, die in mehrere Linien geteilten Grafschaften Nassau, Solms, Hanau, Isenburg, Leiningen, Sayn, Wittgenstein, Waldeck u.a.m., und eine Anzahl Herrschaften, wie z.B. Rappoltstein, Kriechingen; zweitens an geistlichen Territorien: die Bistümer Basel, Straßburg, Speier, Worms, Metz, Toul, Verdun und die Abteien Murbach, Fulda und Hersfeld; endlich drittens 16 freie Reichsstädte, darunter die 3 wetterauischen: Frankfurt, Wetzlar und Friedberg. In ähnlicher Weise waren auch die meisten der anderen Kreise zusammengesetzt. Am buntesten

sah es im schwäbischen aus, zu welchem außer einer großen Anzahl Grafschaften und Herrschaften etwa 20 Abteien, 33 Reichsstädte und 2 reichsfreie Dorfschaften gehörten. Die meisten dieser unzählig vielen geistlichen und weltlichen Herren und freien Stadtgemeinden prägten damals eigenes Geld in: Thalern, Gulden, Groschen, Patzen, Kreutzern, Schillingen, Schreckenbergern, Albus, Rappen, Plapperten, Dreiern, Hellern, Pfennigen etc. Sie sollten freilich ihre Landesmünzen in einer der approbierten Münzstätten ihres Kreises schlagen lassen und nach dem Gold- und Silbergehalt, wie ihn die Münzordnungen verschiedener Reichstage (besonders die vom Jahre 1559) festgesetzt hatten, aber nicht alle Stände kamen diesem Gebote nach. Viele der kleineren Herren prägten in ihrem eigenen Lande oder verpachteten und „vermieteten" ihre Münzstätten oder verkauften gar ihr Münzrecht an Spekulanten.

In solchen münzordnungswidrigen Münzstätten, welche man „Heckermünzen" nannte, wurde schon seit einiger Zeit schlechtes geringhaltiges Geld geprägt. Besonders wurde in dieser Beziehung über den oberrheinischen Kreis Klage geführt, in welchem – wie es in dem Münz-Probations-Abschied der Kreise Bayern, Schwaben und Franken vom Jahre 1614 heißt – „vnderschiedtliche Stendt Ir Münzrecht wieder die Münzordnung andern verleyhen vnnd sonsten gar zue gering münzen lassen". Schon 1612 werden in einem anderen Abschiede der eben genannten Kreise „die Goldgulden des Herzogs von Lothringen, des Graff Johann Reinhardts von Hanau 6. Pätzner, der Städte Metz und Franfurt 6. und 3. Pätzner, Graff Ludwigs zu Leiningen Albus u. a. veruffen und verboten". In allen Kreisen bestanden zahlreiche Heckenmünzen, und sie arbeiteten äußerst fleißig und emsig; auf der Messe zu Linz 1615 wurden z.B. „etzlich viuel tausend Sorten von Thalern auf- und zu dem Ende zusammen gewechselt, um solche den Heck-Münz-Stätten zuzuführen".

Was nun in den Heckenmünzen im kleinen und zum Teil im verborgenen getrieben wurde, begann fast gleichzeitig mit dem Beginn des 30jährigen Krieges, als alle Welt Geld brauchte, Fürsten und Herren im großen und weit schamloser zu treiben, indem sie ihre Landesmünzen statt aus Silber aus einer schlechten Mischung von Kupfer und Silber anfertigen ließen. Herzog Friedrich Ulrich von Braunschweig und Lüneburg war einer der ersten von denen, welche solch ganz schlechtes Geld schlugen; vor seinen geringhaltigen Thalern wird schon 1619 von dem Münz-Probations-Konvent des obersächsischen Kreises gewarnt; bald machten es aber die anderen ebenso oder noch schlimmer, und damit beginnt das eigentliche „landesverderbliche" Unwesen der Kipper und Wipper. Überall wurden neue Münzstätten errichtet und Fürsten, Grafen, Bischöfe, Äbte, Äbtissinnen und Städte wetteiferten mit einander, auf die neue hübsche und billige Art Geld herzustellen, da man ja dabei so viel gewann, und der „Neben- und Hecken-Münzstett wurden von Tage zu Tage je länger je mehr aufgerichtet". Diese unregelmäßigen Prägstellen wollten natürlich nicht hinter den approbierten der Fürsten zurückbleiben und arbeiteten immer toller in der einmal eingeschlagenen Richtung weiter. Bald bestanden die Thaler und diejenigen Münzen, welche Silbermünzen sein sollten, aus nichts als versilbertem Kupfer, ja manchmal aus bloßem Kupfer, das nur gesotten und weiß gemacht wurde; „das hielt etwa 8 Tage, dann wurde es zunderrot". Der Schwindel ergriff zuletzt fast das ganze Volk. Die Nation, sagt G. Freytag, ohnedies aufgeregt, geriet zuletzt in einen wilden Taumel. Überall schien Gelegenheit, ohne Arbeit reich zu werden. Alle Welt legte sich auf Geldhandel. Der Kaufmann machte Geldgeschäfte mit dem Handwerker, der Handwerker mit dem Bauer. Wer Schulden hatte, jetzt eilte er sie zu bezahlen. Wem der gefällige Münzer einen alten Braukessel in Geld umschlug, der konnte dafür Haus und Acker kaufen. Wer Gehalte, Sold und Löhne auszuzahlen hatte, der fand es sehr bequem, die Summen in weißgesottenem Kupfer hinauszuzahlen. Da wurden Kessel, Röhren, Rinnen und was sonst von Kupfer war in die Münze getragen und neues Geld daraus gemacht. Das alte gute Geld wurde ausgewechselt und wanderte ebendahin, um dem neuen Kupfergelde das silberne Aussehen zu geben. Im Juni 1621 war es im Ansbachischen „mit dem Geldaufwechseln bereits dahin kommen, daß man fast keine Pfennig oder andere Sorten mehr siehet, dahero mit täglichen Einkauffen vff den Märkten, wie auch mit den Almosen gegen die armen Leuthen nimmermehr fortkommen vnd weder der Kauffer noch der Verkauffer einander mehr helffen oder ichtwas herausgeben können".

Das gesuchte alte gute Geld stieg natürlich fortwährend im Werte. Anfang 1621 gab man für einen Reichsthaler schon 2 neue Thaler. Dabei verblieb es nicht. „Eigennützige Leute setzten und schätzten die Münzen noch viel höher", sagen die Aufzeichnungen eines Zeitgenossen, des Breslauer Stadtschreibers Nikolaus Pol, „darzu halfen Juden und Judengenossen, die allerlei Sorten theurer auswechselten, hin und wieder in die Münzen verschleppten und anstatt des guten Silbers Küpferlinge ins Land und unter die Leute aussprengten." Das Volk wurde zwar – in Zelle sogar von den Kanzeln aus – gewarnt vor denen, welche, wie es in dem kurfürstlich brandenburgischen Münzedikt vom 29. September 1621 heißt, „auff den Dörffern herumlauffen und den Pfarrern, Müllern, Bawersleuten, Hirten, Schäfern, Bawerknechten etc., was jeder zu verkauffen hat, heimlich oder offentlich abkauffen vnd mit leiher loser Müntzen bezahlen" – aber es half nicht viel. Die Münzer, ihre Agenten und Geldwechsler, überhaupt alle Leute, die mit dem neuen Gelde zu thun hatten und die von dem betrogenen Volke bald „die Kipper und Wipper" genannt wurden,

„bereicherten sich in weniger Zeit über die Maßen sehr, kauften in hohem Werth Land- und Stadtgüter und machten sie selber feil".

Anfangs merkte das Volk nicht, dass ihm unter der Hand das alte Reichsgeld zu wertlosem Kupfer wurde, sondern es freute sich – wie in unseren Tagen zur Zeit des Gründungsschwindels*) – über die glückliche Zeit, in der man ohne Arbeit reich werden konnte. Zwar stiegen mit dem Werte des alten Geldes auch die Preise aller Waren, aber das störte die Leute vorläufig nicht, man hatte ja Geld genug, denn für das alte Geld bekam man ja jetzt noch einmal so viel in neuer Münze. Nur die waren schlimm daran, die wie die Beamten und Geistlichen von festen Gehältern leben mussten, und so erhoben auch die Pfarrer zuerst ihre Stimme gegen das schlechte neue Geld, führten den Ursprung der Kipperei auf den Teufel zurück – auch Cervinus spricht vom „teuflischen" Wesen der Kipperei – und donnerten von den Kanzeln dagegen. Da auch die Kaufleute des Auslands von dem neuen Geld nichts wissen wollten und mit altem Reichsgelde bezahlt werden mussten, so stieg das letztere immer mehr im Werth und in gleichem Verhälnis sank das neue. Im Januar 1621 galt in Breslau der Reichsthaler 2 Thlr. 3 Gr., im April 2½ Thlr., im Juli 2 Thlr. 24 Gr. Bald wollten auch die Fürsten und Regierungen, um nicht zu kurz zu kommen, bei Steuern und Abgaben ihrer Unterthanen nur gutes altes Geld nehmen, und als sie das nicht sogleich durchsetzten, setzten sie in Edikten den Wert ihres eigenen Geldes herab, und bald verweigerten sie gar die Annahme desselben, trotzdem es ihr Bildnis trug.Da sank der Wert des neuen Geldes reißend schnell – „geschah aber", wie ein Zeitgenosse bemerkt, „wider der Herren Fürsten und Stände Beschluss" – und so galt am Ende des Jahres 1621 der alte Reichsthaler bereits 6 neue Thaler und im Laufe der folgenden Jahre (1622 und 1623) stieg sein Wert bis „10, 12, 14, 16, ja 18 Thaler gemein Geld". Ähnlich wars natürlich auch in unserer Gegend, wenn auch nicht gar so arg. Der Reichthaler galt 9 Thaler neuen Geldes, der Königsthaler (Dick- oder Königischer, er galt $^1/_{10}$ mehr als 1 Rthr.) kam auf 10 Thlr. und der Dukaten, der anno 1623 in Breslau „um etliche 20 bis 30 Thlr. genommen wurde", auf 15 Thlr. und sonach musste Cervinus für einen neuen Mantel, der 10 Königsthaler alten Geldes kosten sollte, bei der Wertlosigkeit des neuen Geldes seinen ganzen Gehalt, der in 100 Thalern bestand, hingeben. Geradezu erschrecklich war also die Steigerung in dem Preise der Waren, und doch war es nicht wunderbar. Mit dem Reichsthaler stiegen, sagt ein kurfürstliches sächsisches Münzedikt vom 31. Juli 1623, „alle *pretia rerum* (Preise) von Jahre zu Jahre, ja endlich von Monaten zu Monaten und fast von Tage zu Tage, so daß es endlich durch Gottes Verhängnuß auf eine fast unerhörte und unerträgliche Teuerung ausgeschlagen". Und die Teuerung trat ein, fügen wir aus dem Th.

Eur.**) hinzu, „in allen Sachen, sonderlich in den Victualien, also daß nicht allein Handel und Wandel fast ganz erlegen, sondern auch in vielen Landen und Stätten die Becker und Bierbräwer, anders zu schweigen, weder Brot backen noch Bier brauen wollen oder können". Denn jeder behielt lieber seine Vorräte für sich, als dass er sie „für Scheingeld versilbern oder vielmehr verküpfern wollte". Dies sind die „vorsichtigen Handwerksleute", von denen Cervinus spricht. Diese Vorsicht brachte aber den „armen Mann mit Weib und Kindern in große Noth", und so sind denn „an vielen Orten – sonderlich zu Goßlar, Eißleben, Hall in Sachsen, Brandenburg etc. – große Aufläuff und Tumult vom gemeinen Mann erfolget, der auf die Kipperer sehr verbittert war, und theils ihre Häuser gestürmbt, und alles darinnen Preis gemacht". Dies sind die „tollen Bauern" des Cervinus, die „rath getroffen" haben. Denn schließlich blieb den Fürsten und Regierungen, um Ordnung, Ruhe, Handel und Verkehr wieder herzustellen, nichts anderes übrig, als das aus den eigenen Münzstätten hervorgegangene schlechte Geld zu verrufen und einzuziehen und, wie es in einem Kurfürstl. sächs. Münz-Edikt vom 31. Juli 1623 heißt, „nach empfundenem Schaden und auf vorhergehende gute reife Berathschlagung sich wiederum in die Schranken des Reichs, und sonderlich der anno 1559 aufgerichteten Münzordnung zu begeben und nunmehr ihre Münzen denselben gemäß verfertigen zu lassen", d. h. also zum guten alten Reichsgeld zurückzukehren. So kehrte nach einer dreijährigen Schwindelzeit, besonders vom Jahre 1624 an, Handel und Wandel allmählich wieder in normale Verhältnisse zurück, so weit dies natürlich nach einer solchen Zeit und bei dem gleichzeitig immer weiter um sich greifenden deutschen Kriege möglich war. Mancher schlechte Mann hatte sich zwar während der Jahre 1621–23 ein großes Vermögen erworben, im ganzen aber war das Volk durch diese Schwindelperiode viel ärmer geworden, „viel ehrliche leut", klagt Cervinus, „sind schentlich vmb das ihre kommen". Sein Trost dabei ist nur, dass „die diebischen Kipper von Gott sichtlich gestraft wurden und alle in Grund verdarben". Manches der habgierigen Kriegsvölker, die, wie wir gleich sehen werden, gerade während der Kipperzeit schon viele Teile Deutschlands durchzogen, wird gern den dem Volke so verhassten Geldwucherern gegenüber die Rolle des Rächers übernommen haben, da sich dabei das Nützliche so gut mit dem Angenehmen verbinden ließ. Herzog Christian von Braunschweig wenigstens hatte, als er im Jahre 1622 „friedlich durch des Herzogen von Sachsen-Coiburg land gezogen, darinnen", wie uns das Theatr. Eur. I. erzählt, „ einen reichen Kipper mitnehmen lassen".

*) Als „Gründungsschwindel", heute bevorzugt „Gründerkrach", bezeichnet man den Börsenkrach des Jahres 1873, wobei im Speziellen der Einbruch der Finanzmärkte gemeint ist. Dieser Börsenkrach, von dem

Art müssen auch in unserer Gegend im Umlauf gewesen sein, und ihr Besitzer empfing oft bei ihrer Ausgabe beträchtlich weniger als sie bei der Einnahme galten – also „Inflation"! So verlor der Kirchenkasten (= Kirchenkasse) 1618 an 22 Spinolaischen Talern 5 fl. 1 Tornos, 10 Heller (der Gulden hatte 12 Tornos, der Tornos 18 Heller; in der Folge mit fl.–T.–H. oder einfach mit den Zahlen: 5–1–10 halben bezeichnet), 1620 an 24 Schaffheußern 8 fl., an 8 spanischen Talern 3 fl., an 4 halben Rosenobeln 1-5-14, an 5 Reichstalern 1–5–14 und an 15 dicken Pfennigen 7 fl. 8T., 1624 an 157 fl. in leichten Dreikreuzern und Sechsbätzern 80 fl. Dass Spinolaische Taler umliefen, kam daher, dass der kaiserliche Heerführer Spinola 1620 Friedberg besetzte, das von da an 11 Jahre lang spanische Besatzung hatte. Leider fehlen aus den Jahren 1619, 20, 22 bis 25 gerade die Kastenrechnungen, die am ausführlichsten sind. Aus ihnen erführen wir gewiss manches über die Kriegsereignisse. Aber aus den Verzeichnissen des Altars Crucis und Nicolai (für die Folge abgekürzt mit „Cr. u. Nic.") „um Gottes willen" geht hervor, wie mancher durch den Krieg Geschädigte bettelnd die Gegend durchzog, so ein „vom Kriegsvolk vertriebener armer Mann", ein „armer, in Ungarn vertriebener Schulmeister" und ein „armer, von den Türken gefangener Mann" (1621). In diesem Jahre war „das Baumöl

---

Österreich-Ungarn stärker betroffen war als Deutschland, beendete die Gründerzeit im Sinne einer Phase nicht selten spekulativer Firmengründungen. Vorausgegangen war eine Überhitzung der Konjunktur, die von verschiedenen Faktoren begünstigt worden war – in Deutschland vor allem durch den gewonnenen Krieg 1870/71 gegen Frankreich, die daraus erworbenen Reparationszahlungen Frankreichs und die Reichsgründung. Die nachfolgende Deflationsphase ist als Gründerkrise bekannt. Die Volkswirtschaften der sich industrialisierenden Staaten gingen in eine Phase des verlangsamten Wachstums und der Deflation über, die bis in die 1890er-Jahre anhielt. – Quelle: Wikipedia

**) Th. Eur. = Theatrum Europaeum; Titel eines von Matthäus Merian begründeten und zwischen 1633 und 1738 erschienenen deutschsprachigen Geschichtswerkes. Besondere Bedeutung kommt der Reihe von Chroniken durch ihre zeitnah verfassten Schilderungen des Dreißigjährigen Krieges und der Regierungszeit Ludwigs XIV. sowie durch ihre 720 Kupfertafeln zu, von denen rund 140 von Merian selbst gestochen wurden. – Quelle: Wikipedia

(Olivenöl) sehr teuer"; der Glöckner erhielt für Oel zum Schmieren der Uhr das anderthalbfache gegenüber dem Vorjahr. Beiläufig erfahren wir auch, dass für eine Ladung Diehlen, die in Frankfurt geholt wurden, an Weggeld (Zoll) in Frankfurt 1 T. 6 H., in Vilbel 8 T und in Friedberg nochmals 1 T. 6 H. bezahlt werden mussten. Für die Ortsarmen wirkte sich in jener Zeit jedenfalls die seit alters bestehende Stiftung Hermann Rühls von 50 fl. wohltätig aus, aus deren Zinsen (2 ½ fl.) an den Fronkasten Wecken gebacken und in der Kirche ausgeteilt wurden.

1626 erfahren wir zum ersten Male, dass Kriegsvolk in Echzell war. Es mussten nämlich die von ihm am Pfarrgarten aufgerissenen Zaunlücken zugemacht und die Eichenpfähle an dem „Hainfrieden" wieder gesetzt werden. Der Hainfrieden, Haingraben oder „Grund", der seit dem Mittelalter das Dorf umgab, hatte also noch im Dreißigjährigen Kriege seine Bedeutung. Er war ein ziemlich breiter und tiefer Graben, mit starken Pfählen eingefasst und mit dichtem Gebüsch bepflanzt, was das Eindringen ins Dorf außerhalb der drei Pforten verhinderte. Zum Teil ist er auch heute noch an der südwestlichen Dorfseite vorhanden, ein Stück zieht sich durch den Pfarrgarten.

Das erwähnte Kriegsvolk gehörte wohl zu kaiserlichen Truppen. Kaiser Ferdinand hatte Wallenstein zum Kampfe gegen Ernst von Mansfeld und Christian von Braunschweig zum Oberbefehlshaber gemacht, und Wallenstein betrieb in unserer Gegend eine starke Werbetätigkeit. Wiewohl der Landgraf Georg II. von Hessen-Darmstadt auf kaiserlicher Seite stand, wurden die Bewohner seines Gebietes von den einquartierten Soldaten durchaus nicht geschont, das Land vielmehr in schlimmer Weise ausgepresst. Schon damals muss die Not groß gewesen sein. Beweis dafür sind die hohen Fruchtpreise – das Achtel (Malter) Korn, das 1609 noch 3 fl. galt, kostete 1626 5 fl. –, das beweist vor allem der Ausbruch der Pest im Jahre 1627. In diesem Jahre erbrachten die Kirchenbußen nur einen geringen Ertrag, nicht etwa deswegen, weil sich der sittliche Zustand der Bevölkerung gehoben hätte, sondern weil „wegen crassierender Pest gar wenig *conventus seniorum* (Kirchenvorstandssitzungen) gewesen", auf denen über die zu erteilenden Kirchenbußen hätte beraten werden können. (Was an Kirchenbußen einging, wurde unter die Armen verteilt.) Der Wasenmeister[5] erhielt eine Unterstützung, als er sich wegen der Pest „einhalten müssen", vielleicht selber pestkrank war oder der Ansteckungsgefahr wegen sein Gewerbe nicht ausüben konnte. Als „Präservativ für die Kirchendiener" – das sind die Prediger – wurde in der Apotheke in Friedberg Rauchpulver zum Ausräuchern der Kirche geholt. 100 Jahre vorher behalf man sich zu diesem Zwecke mit Wacholder, der von außerhalb herbeigeschafft wurde. Aus Mitteln des Kirchenkastens wurden drei „Leichkarn" bezahlt, Särge für Bedürftige.

In 1628 wurden unterstützt: ein armer Mann von Linden (wohl Großen-Linden), durchs Kriegsvolk verderbt, ein von Kriegsvolk beraubter und vertriebener Pfarrer, ein Kriegsmann, der bei den Türken gefangen gewesen. Groß war die Zahl der in allerlei Landen vertriebenen Pfarrer und Schulmeister, die obdachlos im Lande umherzogen und die Kirchenkasten um eine Gabe ansprachen. In Echzell waren sie in der glücklichen Lage, sowohl aus dem Kirchenkasten wie aus dem der Altäre Cr. und Nic. eine Beisteuer zu erhalten. Unter ihnen erschien 1629 ein Schulmeister von Oppenheim. Ihn mag ein ähnliches Schicksal betroffen haben wie den damaligen Echzeller Caplan Johannes Meles. (Caplan ist der Diaconus oder 2. Pfarrer.) Er wurde 1625 bei Einführung des katholischen Bekenntnisses zu Oppenheim abgesetzt und kam dann nach Echzell. Weiter: eines armen Pfarrers Weib mit 5 Kindern, aus Oestreich vertrieben, eine vertriebener Pfarrer mit Weib und Kind unter den Rosenberger Junkern (daheim), so durch den Bischof von Würzburg reformiert, d.h. katholisch gemacht wurde, 4 arme Lothringer, eine arme Frau aus dem Frankenland, ein Bote, durchs Kriegsvolk beraubt, eines Pfarrers Wittib[6] unter dem Markgrafen von Durlach, ein vertriebener Schulmeister aus der Pfalz, 2 Vertriebene von Adel aus Schlesien, eine arme Frau, so unterm Rathaus gelegen, wohl krank im Rathaus Obdach erhielt. Man beauftragte zuweilen ärmere Frauen aus der Gemeinde, sich solcher kranken Flüchtigen anzunehmen und gab ihnen dafür eine Vergütung, so der armen Wittib, so einer

---

[5] Wasenmeister: Abdecker (nach Grimm, Deutsches Wörterbuch, im Folgenden zitiert als DWB)

[6] Wittib: Witwe (DWB)

kranken Frau gewartet, oder der andern armen Frau, welche eines Pfarrers Wittib auf dem Rathaus gewartet. Aber man nahm sich auch ganz ferner Dinge an. So erhielt 1626 ein spanischer Jesuiter die sehr beträchtliche Beisteuer von 1 fl. 8 T. gleich einem Reichstaler zur Erledigung (Befreiung) gefangener Christen in der Türkei. Zahlreich sind auch „Abgebrannte", durch einen Brand obdachlos Gewordene. Auch zogen viele Leute durch die Dörfer, die für einen Kirchbau sammelten, also wohl für verbrannte oder zerstörte Kirchen. Unter den Sammlern und um Unterstützung Bittenden mag auch mancher Betrüger gewesen sein. Hin und wieder ist erwähnt, dass sie einen Ausweis vom Superintendenten bei sich hatten.

Dem Herrn Magister Seger, Caplan zu Nidda, wurde 1629 auf Anordnung des Superintendenten eine Beihilfe von 5 fl. gewährt „wegen erlittenen Exils". Er stammte (laut W. Diehl, *Hassia sacra*, Band 1, S. 322) aus Pasewalk, war lange Zeit Pfarrer in Österreich, wurde dort vertrieben und 1628 in Nidda als Caplan angestellt. Von da ging er als Pfarrer nach Darmstadt und starb dort im Pestjahr 1635. Eine Beihilfe von 1 fl. erhielt auch der Pfarrer Michael Förster zu Burckarts (Diehl, S. 369), aus Nürnberg gebürtig, lange Pfarrer in Oestreich, wo er 3 Exilia erlitt, d. h. dreimal vertrieben wurde, bis er 1629 dann die Pfarrstelle in Burckarts bekam. 1635 wurde er Pfarrer zu Breungeshain, 1637 zu Reichelsheim in der Wetterau, wo er 1639 starb. So wurden die Leute damals herumgeworfen. Man begreift, dass in den Kirchenliedern der Zeit so viel vom „Elend", d. h. von der Fremde die Rede ist, und dass sich die Menschen nach der Heimat droben sehnten. – Im Jahre 1630 scheint der Hirßfelder (Hersfelder) Brunnen von manchen zur Heilung ihrer Leiden aufgesucht worden zu sein. Denn es erscheint in den Kirchenrechnungen sowohl ein Mann, so nach dem Hirßfelder Brunnen zog, wie ein anderer, der zum „guten Brunnen gen Hirßfeld" wollte.

Im Jahre 1631 wurde Magdeburg von Tilly und Pappenheim erobert und durch ihre wilden Scharen aufs furchtbarste geplündert. Infolgedessen kamen Flüchtlinge aus Magdeburg und der Magdeburger Gegend auch nach Echzell: 2 Brandgeschädigte von Adel beneben einem Pfarrer aus der Alten Mark (Altmark), 12 Personen aus der Alten Mark vertrieben, so sich zu Marburg aufgehalten, Pfarrer und Schulmeister, unter dem Grafen von Magdeburg vertrieben, vertriebener Pfarrer von Magdeburg, Schulmeister, von Magdeburg vertrieben. Ferner: ein vertriebener Pfarrer unter dem Bischof von Bamberg, eine vertriebene adlige Frau aus Oestreich, 2 Edelmänner aus dem Pommerland vertrieben, ein Papiermacher, durchs Kriegsvolk beraubt. Die Unterstützungen erreichen eine beträchtliche Höhe. Sie steigen von 7 fl. in 1626 in den folgenden auf 18–27–40, erreichen 1630 den Höhepunkt mit nahezu 50 fl., um dann 1631 auf 30 fl. zurückzugehen. Zum Rückgang mag beigetragen haben, dass die Not am Anfang der dreißiger Jahre, wie es scheint, etwas nachließ. Man konnte offenbar wieder in größerer Sicherheit arbeiten. Der Kirchturm wurde ausgebessert. Hierbei nahm der Steindecker (Dachdecker) mit seinem Jungen den Hahn vom Turm. Dafür wurden ihnen als besondere Vergütung 8 T. 16 H. verehrt, und der Steindeckerjunge bekam, als er den Hahn wieder aufsetzte, nochmals 4 T. 8 H. als Trankgeld. Die Caplanei erhielt ein neues Dach. (Sie stand etwa da, wo sich jetzt das Kriegerdenkmal von 1871 befindet.) Im Pfarrgarten wurden 6 junge Obstbäume gesetzt. Das Pfarrland wurde ausgemessen. Die drei Landmesser Alt Konrad Krafft und Henrich Heller von Echzell und Peter Fritz von Gettenau verzichteten großmütig auf ihre Gebühr von 38 fl. und bestimmten das Kapital dazu, dass aus seinen Zinsen alljährlich auf Pfingsten Brot unter die Hausarmen ausgeteilt würde. – Der Rückgang der Unterstützungen scheint aber nicht nur durch eine vorübergehende wirtschaftliche Besserung erzielt worden zu sein. Denn mehr und mehr bleiben doch auch die Einkünfte der Kirche aus. Nach Flostadt (so wird Florstadt in jener ganzen Zeit geschrieben) musste von nun an jährlich ein Bote gehen, um „hinterstündige Pensionen" (Zinsen) einzutreiben, und in den folgenden Jahren werden solche Boten auch nach anderen Orten gesandt.

Im Jahre 1632, dem Todesjahre Gustav Adolfs, standen sämtliche Grafen der Wetterau und Hessen-Kassels auf schwedischer, der Landgraf von Hessen-Darmstadt auf kaiserlicher Seite. – Das Gabenverzeichnis zählt auf: einen vertriebenen Mann unter den Grafen von Sulzbach, einen armen Mann, durch das Kasselische Kriegsvolk verderbt, einen Boten zur Stadt Oberlaw unter dem Kurfürsten von Sachsen, ist durchs Kriegsvolk verbrannt, einen vertriebenen Pfarrer aus dem Vogtland, ist durchs Pappenheimische Kriegsvolk verderbt. – Ein Schreiben des Superintendenten, die neuen Buß- und Bettage betreffend, kam durch einen Boten von Geiß-Nidda nach Echzell. Es handelte sich wohl um vermehrte Buß- und Bettage in der schweren Zeit, die nach dem Tode des Schwedenkönigs wieder anbrach.

Im April 1638 wurde unter Mithilfe Frankreichs ein Bund des protestantischen West- und Süddeutschlands mit Schweden geschlossen und der Oberbefehl über die gesamte süddeutsche Streitmacht dem Herzog Bernhard von Weimar übertragen. Nun kamen die Schweden nach der Wetterau. Mit ihnen im Bunde stehende Kasselische Soldaten verderbten und zerschlugen in der Kirche, im Pfarrhof und auf dem Kerner die Fenster. Der Glaser von Melbach musste sie wieder herstellen. (Der Kerner ist das alte Beinhaus am Friedhof. Man barg ursprünglich darin die Gebeine, die bei einer Neubelegung des Friedhofs ausgegraben wurden. Um ein Stockwerk erhöht diente er dann zur Aufbewahrung der Kirchenbibliothek, später zur Schule und ist jetzt Rathaus.[7]) Es scheint, dass der Kerner zu den wenigen Gebäuden gehört, die keinem der Brände, die Echzell im Laufe der Zeit zerstörten, zum Opfer fielen, und wenn das Rathaus einmal wiederhergestellt werden sollte, wäre sehr darauf zu achten, dass das alte, jetzt verputzte Fachwerk wieder zur Geltung kommt. – Damals sind tannene Diehlen „nicht wohl zu bekommen gewesen". 4 kosteten 1 fl. 3. T. 10 H., das Stück 5 T. 10 H., während in demselben Jahre später 67 (?) Stück wieder für 11 fl. 8 T., das Stück 2 T. 2 H., zu kaufen waren.

Dank dem Umstande, dass wir in 1633 nicht nur die Gnadenverzeichnisse der Rubrik „Um Gottes willen", sondern auch das Register besitzen, in dem die Erträgnisse des Klingelsäckleins und deren Verwendung eingetragen sind, ist es möglich, eine vollständige Übersicht über alle Gaben aus den Mitteln der Kirche zu geben.

An Arme wurden 16 Paar Schuhe ausgeteilt. An Geld verteilt wurden am 19. Juli in der Kirche je 1 T. 6 H. an 22 ältere und je 16 H. an junge Hausarme aus Mitteln des Kirchenkastens. Ferner wurden „Um

---

[7] Heute Sitz der HGON

Gottes willen" unterstützt 36 arme Männer und 27 arme Frauen, 4 Kranke und Gebrechliche (Lahme), 14 und etliche Jugendliche, 7 arme Meidtlein; ein armes Kind erhielt ein Paar Schuhe, 3 Kinder Beisteuern zu Schulbüchern, 13 Brandgeschädigte, 12, meist durchs Kriegsvolk, „Verderbte", darunter 5 von Adel, 2 gefangen gewesene, 2 und etliche Vertriebene, darunter ein Kaufmann mit Weib und Kindern, 15 meist vertriebene und ein verwundeter Pfarrer, 3 Pfarrfrauen, 5 Pfarrwitwen, darunter eine mit 3 Kindern, 5 Schulmeister, eine Schulmeistersfrau und eine -witwe, 3 Studenten, darunter 2 beraubte; ein Mann bekam eine Beisteuer zum Hausbau, 7 Beiträge zu Kirchenbauten. Insgesamt sind es 207 „und etliche" Unterstützungen.

Die Herkunft der Unterstützten ist: Echzell, Bisses, Bingenheim, Geiß-Nidda, Nidda, Fauerbach, Ranstadt, Büdingen, Herchenhain, Laubach, Grünberg, Steinbach, Unterschmitten, Eichelsdorf, Widdersheim, Melbach, Münzenberg, Bellersheim, Gambach, Rockenberg, Ziegenberg, „Ebsteiner" Land, Marburg, Waldeck, Ziegenhain, Gudersbach, Ober-Leußingen, Schwarzfeld, Rodenberg, ferner: Sachsen, Chursachsen, Leipzig, Voigtland, Magdeburg, Churbrandenburg (Frankenstein), markgräflich Brandenburg, Franken, „Bareidt" (Bayreuth?), Schweinfurth, Kulmbach, Nürnberg, Mühlhausen, „die Neustadt", Pfalz, Württemberg, Oestreich, Holland und, schwer zu bestimmen oder undeutlich zu lesen: Sausenheim, Mehen (Mähren?), Alstadt, Enckum, Sailum (Enkheim und Saulheim??). – Hierzu kommen noch die 19–4–6 betragenden Unterstützungen der Altäre Cr. und Nic.: am 10. April, 24. August, 22. Oktober und 31. Dezember wurden Beträge von je zusammen 4–5–4; 4–11–6; 2–11–2; 5–8–16 unter 22–23–21–21 ältere und 19–19–20–20 junge arme Personen verteilt, also 165 Unterstützungen. Ferner wurden unterstützt: die „törichte Margreth" zweimal, ein aus Oestreich vertriebener Schulmeister, eine arme Frau mit Kind bei Schmahlkalt daheim, ein Brandbeschädigter aus der Markgrafschaft Onotzbach (?), eine arme Pfarrerswittib aus dem Stift Magdeburg und zwei Ortsarme, insgesamt 174 Gaben. Dazu noch: 1 fl. 8 T. aus der Landvermesserstiftung an Brot auf Pfingsten verteilt, an 13 Arme je 3 fl. anstatt früherer Kornspende (früher erhielten die Empfänger dieser Gabe je 1 Achtel Korn. Die Äcker, von denen es kam, sind aber seinerzeit auf obrigkeitlichen Befehl verkauft worden, so dass nun die Zinsen des Erlöses verteilt wurden, die natürlich der Geldentwertung unterlagen). Schließlich wurden noch an Kirchenbußen an Arme 1 fl. 8 T. ausgeteilt. Rechnet man alles zusammen, so kommen wir auf eine Zahl der Unterstützten von weit über 400 und auf einen Unterstützungsbetrag von etwa 105 fl. So trug die Kirche bei zur Hebung sozialer Not.

1634 bekam Echzell den Krieg wieder in seiner ganzen Furchtbarkeit zu spüren. Infolge der Niederlage der Schweden bei Nördlingen fiel ganz Süddeutschland unter die Gewalt der Kaiserlichen. Wie diese in der Wetterau hausten, lese man in der W. Chr. S. 221 nach[8]. Und wie

---

[8] (2000 kaiserliche Reiter unter Feldmarschall Ossa gaben dem Kardinal-Infanten* Geleit auf seinem Marsch nach den Niederlanden; am 30. September erreichte der Kardinal-Infant die Lahn bei Diez, hier entließ er 1 500 Mann des Geleits.) „Die 1 500 entlassenen Reiter zogen wieder nach Süddeutschland zurück, hielten aber unterwegs noch tüchtig Nachlese. Wie diese kaiserlichen Völker in Gemeinschaft mit dem spanischen Heere des Infanten in der Wetterau gehaust haben, davon gibt uns ein Zeitgenosse im Theatrum Europäum**) folgenden erbitterten Bericht. *,Aller Orthen, wo sie hingekommen, erfulleten sie Himmel, Lufft vnd Erden mit Fewer, Rauch, Dampff'* – sie haben grausam allenthalben gebrannt, bestätigt Cervinus – *,Blut, Mord, Schand vnnd Brandt Leyd vnd Geschrey, daß es in vnnd durch die Wolcken erscholl, vnd hätte nicht ärger gemacht oder erhört werden können, fast kein Orth blieb gantz stehen* – natürlich in dem südlichen Teil der Wetterau, den sie durchzogen – *kein Mensch dorffte sich sehen oder blicken lassen, wer nicht deß Todes seyn wollte, oder sich entweder in veste Oerter, oder ins dicke Gesteuch, Gebürg, Wälde, Hölen und Steinritzen bey die vnvernünfftige wilde Thieren verkriechen, war doch manchmal nicht sicher, sondern wurde herausgezogen vnnd ärger als ein vnvernünfftiges Thier gehawen, erschossen, gemetzget, zerfetzet, daß nimmermehr kein Zung so beredt, noch einige Fedder so schargff vnd spitz, die es außreden vnd beschreiben könte. In Summa, das Land vor ihnen war wie eine lüstige Awe, oder wie ein Paradeiß vnd Lustgarten, vnnd nach ihnen wie eine wilde wüste Einöde, daß in wenig Tagen nach ihrem Durch- und Abzug man sich gegen einander verwundern mochte, wo sich einer oder der ander erhalten hätte. '"*

*) Ferdinand von Spanien und Portugal (spanisch: Fernando de Austria), * 16. Mai 1609 oder am 24. Mai 1610 im Escorial bei Madrid;
† 9. November 1641 in Brüssel, war ein Prinz aus der spanischen Linie des Hauses Habsburg und diente als Gouverneur spanischer Besitzungen sowie

es in Echzell stand, zeigt der Satz in der Rechnung Cr. und Nic.: „An Collectengeld kann dieses Jahr nichts verrechnet werden, denn obschon das erste halbe Jahr etwas eingenommen und auch unter die Armen ausgeteilt worden, so ist doch des Collectors Haus und Hof samt allem, was darinnen, und also auch das Register durch Anzündung des Kayserlichen Kriegsvolks verbrannt, unter dem Obristen von Seebach, das ander halb Jahr hat man in der Irr umher gelaufen, der Gottesdienst zum wenigsten können verrichtet und also auch kein Almosen colligirt werden". Der Collector, der um sein Haus und Hof kam, war Caspar Lauckart von Echzell, Sohn des Diaconus Philipp Lauckart, immatriculiert an der Universität Marburg 1594, 1599 bis 1607 Unterschulmeister, 1607 bis 1635 Oberschulmeister in Echzell (Diehl, *H.s.*, Bd. 1, S 315). Die Soldaten, die Lauckarts Haus anzündeten, waren laut einer nicht aus der Rechnung stammenden Nachricht Kroaten. Sie steckten nicht des Collectors Haus allein an. In einer im Besitze des jetzigen Echzeller Kirchendieners Wilhelm Möbs 3. befindlichen Bibel steht zu lesen: „1634, den 28. September großer Brand zu Echzell, auf der Seiten an Henn Steffans Witwe angefangen bis an die Unterpforte (nach Gettenau zu), dieselbe Reihe (wohl Westseite der Hauptstraße) alles ab(gebrannt), von ... (unleserlich) hinübergebrannt bis auf die Bach nab, wiederum die andere Gasse nauf bis an Heile Hansen Hofrait, dass alles, Haus, Stall, Scheuer abgebrannt bis auf 3 Haus, das Pfarrhaus, Henn Steffans Wwe., Jung Cloß Arledders ... (unleserlich), Summa 115 Bäu, klein und groß". Aus der Bibel erfahren wir noch, dass in demselben Jahre, das Datum ist nicht lesbar, das Haus (Schloss) Bingenheim durch das kaiserliche Kriegsvolk eingenommen, geplündert, viele Leute umgebracht und viele Jungfrauen mitgenommen und geschändet wurden. In einem von Pfarrer Georg Herdenius (1602 – 1624 Pfarrer zu Echzell, bis 1630 Superintendent zu Marburg) hinterlassenen Briefe wird mitgeteilt, dass im Jahre 1634 der kaiserliche Feldzeugmeister Isolani mit 40 Kompagnien Ungarn, Kroaten und Polacken in die Wetterau zog. Rings um Friedberg wütete Mord und Brand, auch der „überaus schöne" Flecken Echzell wurde eingeäschert und die Echzel-

---

als Feldherr im Dreißigjährigen Krieg. Auf Grund seiner Berufung zum Kardinal-Erzbischof von Toledo ist er auch als Kardinalinfant Ferdinand bekannt – Quelle: Wikipedia.

ler Kirche geplündert. Das Schloss Bingenheim aber wurde der Schauplatz fürchterlicher Scenen. Die Scharen Isolanis drangen stürmend ins Schloss ein. Zahlreiche Flüchtlinge hatten sich hinter seinen hohen Mauern geborgen. Jammernd und um Gnade flehend warfen sie sich den Eindringenden im Schlosshof zu Füßen. Aber es begann ein „erschröckliches Massacre und Darniedermetzelung". Man lese auch, was Diehl im 2. Bande von Hassia sacra S. 349 über die Ermordung des Wallernhäuser Pfarrers Georg Scaevola und S. 350 f. über die Leiden der Bevölkerung berichtet.

Kirche und 1. Pfarrhaus blieben wohl der Schieferdächer wegen vom Brande verschont. Die Pfarrscheuer brannte ab. Die meisten Gebäude mögen Strohdächer gehabt haben. Auch das 2. Pfarrhaus blieb wohl stehen, aber die Dachungen fingen Feuer. Wie die Soldaten in Hof und Ställen gewütet haben, geht daraus hervor, dass in Küh- und Pferdestall neue Krippen, im Mastschweinstall ein neuer Trog hergestellt, der Boden[9] im Stall mit Eichenbrettern erneuert, ein neuer Tranktrog am Brunnen und ein neuer Rüstreidel[10] beschafft und, wie immer, die Zaunlücken ausgebessert werden mussten. Beim Einbruch in die Kirche stahlen die kaiserlichen Soldaten 9 fl. 4 T. an Geld. Es ist zu bedauern, dass die Kastenrechnung des Jahres 1634, die wohl noch mehr zu berichten wüsste, fehlt.

Auf den Reiter auf dem roten folgte der Reiter auf dem schwarzen Pferde. Das Jahr 1635 brachte neben neuen Heimsuchungen wiederum die Pest. Wie viele Opfer sie in Echzell forderte, wissen wir nicht, wie wir's von vielen andern Orten wissen. Nach Diehl (H. s. Bd. 2, S 347) raffte sie auch den Echzeller Collector und Oberschulmeister Caspar Lauckart und den Schulmeister Heinrich Lotichius (= Lotz) hinweg. Lotichius, der Sohn des Echzellers Konrad Lotz, 1628 bis 1635 in Echzell, war in besonderer Weise von der Pest verfolgt. Die Einführung in sein Amt musste 1627 der Pest wegen verschoben werden, und die zweite Pestepidemie des Krieges machte seinem Leben ein Ende. Aufs

---

[9] Gemeint ist der Boden *über* dem Stall, also die Stalldecke.

[10] DWB: RÜSTREITEL, rüstraitel, *m. in Hessen querbalken am sog.* katzengebälk (*dem obersten theile des gebälks*).

Jahr 1635 wird sich beziehen, was der 1656 geborene Gettenauer Caspar Rühl in seiner Chronik schreibt, „dass man kein Tür noch Tor hat finden können, um den Toten Särge daraus zu machen, sondern die Leichen sind in Bäusche Stroh gebunden worden und haben ihnen oft die Köpfe und Füße aus dem Stroh heraußer gesehen, als sie begraben wurden. Damals starben viele Hundert Menschen Hungers und suchten allerhand unnatürliche Speise, wie Fleisch von toten Pferden, worauf dann die Pestilenz nicht außen geblieben, sondern die Menschen sind häufig dahingefallen und gestorben."

An Ernte und Aussaat war in einer solchen Zeit nicht zu denken. Die Altarrechnung (die Kastenrechnung fehlt wieder) berichtet: Wegen crassierenden Kriegswesens ist kein Heu gemacht worden. Das Gras war durch die Soldaten verderbt, die Wiesen und auch die Pflanzenländer blieben wüst und unbebaut liegen. Korn und Hafer wurden von den Soldaten draußen ausgedroschen. Die Leute kamen um ihr Vieh, die Äcker, die verpachtet werden konnten, wollte niemand haben. Dabei hausten die Krieger wieder schlimm im Dorf. Sie schlugen die Haustüre der Caplanei ein und stahlen aus der Kirchenbibliothek 18 Bücher. Ob sie dabei unter den 188 Büchern eine Auswahl trafen, ist schwer zu sagen. Aber es ist wohl denkbar, dass der Hass gegen die lutherische Lehre mitspielte, wenn die Augburgische Confession und ein Buch von Hunnius „Die Römische Kirche sei keine christliche" hinwegkamen. Die meisten Bücher: Bibeln, Psalter, Gesangbücher und Agenden, sind in der Kirche entwendet worden.

Die große Not, welche die Vorjahre brachten, zeigt sich in der Rechnungen des Jahres 1636 in den vielen „Witwen" und „Erben", die in den Zinsverzeichnissen erscheinen. Den Frauen waren ihre Männer, den Kindern die Eltern hinweggestorben. Hand in Hand mit Seuche und Plünderung ging die Teuerung. Das Achtel Korn, das 1633 noch 3 fl. 4 T. galt, stieg auf 8 fl. 9 T. Caspar Rühl berichtet sogar, es habe 16 fl. gekostet, und die Leute seien bis nach Wetter im Hessenlande gezogen, um dort Korn zu kaufen. Die Gaben aus der Kirchenkasse lassen nach. Erst am 12. April fing man wieder an, das Klingelsäcklein herumzutragen, was einige Zeit wegen der Verderbung der Soldaten und Unfrieden nicht geschehen war. Aber die Not bewog doch auch solche, die noch etwas besaßen, zu Stiftungen. So bestimmte der Echzeller

Schultheiß Mackenroth, „wegen seiner abgestorbenen Frau und 2 Kindern, welche in der Kirche begraben worden", 25 fl. dazu, dass jährlich von den Zinsen auf 1. Juli Wecken gekauft und in der Kirche unter den Hausarmen verteilt würden, und der Capitänleutnant unter den Dragonern (wohl ein kaiserlicher Soldat) Johann Ludwig Tharant schenkte wegen seiner Hausfrau, die auch in der Kirche begraben wurde, 20 fl. mit derselben Bestimmung, im September zu verteilen. Zwei Stiftungen machte Anne, die Witwe von Jörg Lahm und Tochter des verstorbenen Heil Hansen Lotz, die eine bestehend aus sechs Mesten Korn, von 1 ½ Morgen Acker zu entrichten, wovon auf Bartholomäi Brot gebacken und unter die Armen verteilt werden solle, die andere bestehend aus 3 Morgen Acker „zur besseren Erhaltung der Kirchen- und Schuldiener", also um die Pfarrer und Lehrer, die bei den immer geringeren Einnahmen der Kirchenkassen übel genug daran gewesen sein mögen, aufzubessern. Die drei Morgen Acker brachten freilich keine Erleichterung, denn sie lagen weit vom Dorfe ab und blieben wüst liegen, weil niemand sie bebauen wollte. Nur die nahe am Ort liegenden Grundstücke wurden noch bebaut, um diese zog sich ein Gürtel wüsten, unbebauten Landes bis nahe an die Nachbarorte hin.

Wiederum erforderte der Schaden, den Soldaten anrichteten, viele Ausbesserungen. In den Pfarrbauen mussten die ausgeschlagenen Wände „geklaibt" werden (Das Wort „klaiben" oder „sleiben" findet sich häufig: es bedeutet das Verstreichen der Gefache mit Lehm und ist heute wohl noch im Vogelnamen Kleiber vorhanden.) Ferner: Ersatz eines durch hessische Soldaten entwendeten kupfernen Ofentöpfens (Kupfer hatte Verkaufswert!), neuer Riegel an die Küchentüre, neue Kellertüre, das Schloss an der Studierstube gebessert, Schloss an die kleine Kammertüre; neuer Eimer mit Seil am Brunnen, zwei neue Fenster in der untersten Caplaneistube, waren durch die Soldaten teils ganz ausgeschlagen, teils übel zugerichtet, neuer Ofen in dieselbe Stube, 37 Gbund Scheib (Strohbündel) zur Ausbesserung des Daches auf der hintersten Caplaneischeuer, die Wand dieser Scheuer, die ganz ausgefallen, gebessert, Lornseil in der Scheuer, Brunneneimer mit Kette, in der Plünderung hinweggekommen. An Baukosten waren für das Pfarrhaus und die Caplanei 41 fl., für die Kirche und den Kerner 13 fl. erforderlich. Zum Ersatz des Seils der kleinen Glocke, das von den Soldaten abgenommen worden war, wurden 20 Klafter hanfen Seil gekauft. Der Schlosser von Berstadt (in Echzell scheint keiner gewesen zu sein) musste die Uhr wieder anrichten zu schlagen, wozu der Echzeller Schmied Cloß Groth Eisen lieferte. Ein Maurer besserte den Kirchenboden aus. Die von den Soldaten zerschlagene Kirchentüre musste erneuert werden, für die Kirchentüren wurden neue Schlösser und Schlüssel angeschafft. Der Windfang an der großen Uhr wurde wiederhergestellt (die Echzeller Kirche hatte damals zwei Uhren, eine große und eine kleine). Die „Partikeln" (Hostien zum hl. Abendmahl) wurden samt der Schachtel von den Soldaten gestohlen. Die Töpfen und Nägel zu den Meien in der Kirche waren alle zerschlagen. (Sie dienten dazu, die Baumzweige und Blumensträuße an Himmelfahrt und Pfingsten aufzunehmen und festzuhalten.) Auch in der „Gebetkammer" (Sakristei) richteten die Soldaten Schaden an.

Im Inventar der Kirche und der Pfarrhäuser fehlen: die Altar- und Kanzelbekleidung, das „Leinwands Handzwehl" (Handtuch) zur Taufe, das Handtuch, bei Kelch und Patene gebraucht, das schwarze wollene Leichentuch, die Scheuerleiter, ein neuer Siedkessel usw. Man sieht, wie die Soldaten in der Kirche und den Pfarrhäusern gehaust haben, und kann daraus auf die Verheerungen schließen, die sie im ganzen Dorfe anrichteten, das wohl eben dabei war, die verbrannten Häuser wieder aufzurichten oder sie gerade aufgerichtet hatte. Und die, die so hausten, waren nicht Kroaten, Ungarn und Polacken, sondern hessische Krieger, Stammesgenossen. Denn beim „hessischen Durchzug" ist das alles geschehen.

An Pfingsten war Landgraf Wilhelm aus Kassel aufgebrochen, am 11. Juni stand er bereits in Windecken, um sich mit den verbündeten Schweden zum Kampf mit den Kaiserlichen zu vereinigen, die Hanau umschlossen hatten. Nach der Befreiung dieser Stadt traten Hessen und Schweden am 15. Juni den Rückmarsch an, denn „die Wetterau war damals so verödet, dass man kaum einen Menschen, viel weniger Lebensmittel traf" (W. Chr., S. 238 f.). Bei Kirchhain bezog dann die hessische-schwedische Armee ein Lager. Einer oder die beiden Durchmärsche mögen unseren Ort berührt haben. Die Hessen-Kasseler hatten, wenn sie überhaupt daran dachten, um so weniger Veranlassung, das Hessen-Darmstädter Gebiert zu schonen, als der Darmstädter Landgraf ja auf Seiten des Kaisers stand. Aber bei der langen Dauer des Krieges war es ja ganz einerlei geworden, ob man sich in befreundetem oder feindlichem Gebiete befand – der Krieg musste den Krieg ernähren. Und Rücksichten bekenntnismäßiger Art spielten auch je länger, je weniger eine Rolle. So haben denn die Truppen bei „Durchzug und Nachtlägern" das Begräs auf den Wiesen ums Dorf abgeatzet und verderbet, und falls eine Wiese noch Gras hatte, war doch kein Bedürfnis nach Futter da, weil „voriges Jahr die Leut um ihr Vieh kommen". Hafer blieb aus; Ursach: dass es wegen Verderbung des Kriegsvolkes an Bauern gemangelt, also der Acker, von dem der Kirchenkasten eine Haferabgabe zu erwarten hatte, wüst gelegen und niemand ihn haben wollen. Bei solchen Ausfällen konnte aus dem Kasten des Marienaltars auch kein Geld mehr nach Marburg für die Stipendiaten gesandt werden. Wie mag es den jungen Leuten ergangen sein, die zum Studium der Theologie auf die Universität gezogen waren, weil dank der Fürsorge Philipps des Großmütigen 100 Jahre vorher eine beträchtliche Summe aus den Einkünften der Kirche zur Unterhaltung von drei Stipendiaten bestimmt worden war. – Auch die Prüfung der Rechnungen litt Not. Sie sind „etliche Jahre nicht abgehört worden wegen der Pest etc." Durch die Erfahrung früherer Jahre klug geworden, brachte man 1636 die Echzeller Kirchenbücher rechtzeitig in Sicherheit. Sie wurden nach Bingenheim ins Schloss „geflohet" und dort eingepackt und verwahrt.

Das Jahr 1637 brachte wieder etwas größere Sicherheit. In diesem und dem folgenden Jahre hören wir nichts von kriegerischen Ereignissen (ein Teil der Rechnungen fehlt allerdings). Die Kirchenbücher holte man wieder von Bingenheim zurück. An eine Vermehrung der Kirchenbibliothek war freilich nicht zu denken, „weil kein Geld dazu haben können". Den Fruchtboden auf dem Kerner, der früher vermietet worden war, hat niemand gebraucht, und auf den Wiesen muss es böse ausgesehen haben, weil „das Gegräs eitel grobes Rohr gewesen und nicht gemäht worden".

1630 vernehmen wir wieder von „allerhand von den Soldaten zerschlagener Arbeit", die der Schlosser für 7 fl. machte. Im Dorfe waren wohl Teile der (kaiserlichen) Hatzfeldischen Armee, die 1638/39 in Friedberg und der Wetterau im Winterquartier lagen und im Frühjahr abzogen.

Wenn wir auch keine Nachricht darüber haben, in welchem Maße sich die Einwohnerzahl um diese Zeit vermindert hatte, so gibt uns dafür doch einen Anhaltspunkt ein Eintrag in der Rechnung, dass 1639 750 Partikeln (Hostien) gebraucht wurden. Wir dürfen annehmen, dass damals kein konfirmiertes Gemeindeglied ohne dringenden Grund das heilige Abendmahl versäumte. Aus den Abendmahlsregistern, die seit kurz nach dem Dreißigjährigen Kriege vorhanden sind, lässt sich geradezu ein Einwohnerverzeichnis herstellen. Meist gingen die Leute zweimal zum Abendmahl. In Echzell nahmen auch die Gettenauer und Bisser daran teil. Wenn nun im Jahre 1627 noch 1 500 Partikeln gebraucht wurden, so kommen wir damit auf eine Erwachsenenzahl der drei Ortschaften von 750. Nehmen wir noch ein Drittel Kinder dazu, so ergibt sich als Seelenzahl 1 000. Gerade die Hälfte war 1639 noch ortsanwesend. Das besagt nicht, dass alle übrigen 500 nicht mehr am Leben waren, denn es mögen manche auswärts geweilt und sich später wieder in ihre Heimat begeben haben. Aber wir sehen jedenfalls, wie sehr Krieg und Pest das Land verödeten.

Die Stiftungen des Schultheißen Mackenroth und des Capitänleutnants Tharant konnten bereits 1639 nicht mehr ausgeteilt werden, und an Gaben „um Gottes willen" nur etwa 1 ½fl. Endlich wurden die Rechnungen wieder einmal geprüft, und ein Acker, der „in Mangel der Hofleut" etliche Jahre wüst liegen geblieben war, wieder verlehnt und über Herbst ausgestellt, „also dass künftig Jahr der Pfecht (die Pacht) wieder zu gewarten". Als Collector der Altäre Cr. und Nic. erscheint im Jahre 1639 zum ersten Mal Caspar Albinus. Es ist zu bedauern, dass wir über diesen Mann nur wenig unterrichtet sind. Bei Diehl (H. s. Bd 1, S. 325) lesen wir: „C. A., geboren 1589, stand als Schulmeister zuletzt in den 40er Jahren in Echzell, ward zum Glöckner degradiert und starb im September 1689". Im Sterberegister steht bei seinem Namen: „100 Jahr alt minus (weniger) 5 Monat, hat von Anno 1617 in Schulen laborirt und ist mit Ehren alt und lebenssatt geworden. Sein Gedächtnis bleibe im Segen".

Im Jahre 1640 war sowohl schwedisches wie kaiserliches Kriegs-volk in Echzell. Die Fronwiesenschar, das Gras der der Kirche gehö-renden Fronwiese, hat einerseits wegen der Verderbung der Leut nicht können verkauft werden, andererseits hat es niemand wegen großer Gefahr der Schwedischen Völker genießen (brauchen) mögen. Wir haben demnach wohl diese schwedische Gefahr um die Heuernte anzu-setzen. Die Rechnung sagt auch, dass um Johannis die Rosenschen Völker die Kirche aufgeschlagen und neben anderen Sachen über 8 fl. in der Sakristei aus dem Kasten genommen hätten. Zu den anderen Sachen werden die beiden Maßkannen, aus denen der Abendmahlswein ausgeschenkt wurde, gehört haben. Mit den Rosenschen Völkern hatte es nach der W. Chr. folgende Bewandtnis: Im Mai marschierten die Hessen und Weimarischen Völker, die 1639/40 in Oberhessen im Win-terquartier lagen, nach Thüringen. Zur Verbindung der am Rhein ste-henden schwedischen Truppen wurde der junge Rosen, Bolmar, der „Tolle" genannt, mit schwachen Reiterscharen in Oberhessen zurück-gelassen. Dieser hat also Echzell um Johannis geplündert. Aber auch die Weimarer müssen vor ihrem Abmarsch um Echzell gewesen sein; wurde doch „durch das ankommende Weimarische Kriegsvolk" die (wohl noch junge) Frucht im Gettenauer Feld ganz abgeätzet (abgewei-det) und zertreten, so dass es keine Ernte gab. Auch des Obristen Rosen Reuterei war daran im Vorüberziehen im Echzeller Feld beteiligt. Dem Namen des tollen Rosen begegnen wir wieder in einem auf dem hessi-schen Staatsarchiv liegenden Bericht des Kellers Galg zu Bingenheim an den Landgrafen über einen Überfall Echzells am 31. Oktober 1640. Galg schreibt, „dass wir dieser Orten die von Gießen abgeschickten Salvogarden, nämlich in jeden Flecken zwei Reiter bekommen haben". Salvogarde (Sauvegarde) ist eine Schutzwache von Soldaten, durch welche sich ungeschützte Dörfer usw. gegen Beschädigung, Misshand-lung und Plünderung seitens der Soldaten eines in der Gegend liegen-den, selbst befreundeten, Heeres sicherten. Galg berichtet weiter: dass „gestern und heute um Friedberg fleißig geschossen worden, wie man sagt, dass der Herr Graf von Gallen mit seinen Völkern davor sei". Gemeint sein kann wohl nur der kaiserliche General Geleen, der An-fangs November das von einer Weimarischen Abteilung besetzte Friedberg angriff, stürmte und plünderte. „Heute um 10 Uhr ist eine Partei von 70 Pferden und etzlichen zu Fuß vor Echzell kommen, die darin liegenden Garden ans Tor zu ihnen gangen, sie besprecht, die Partei aber fürgeben, als ob sie von dem Obrist Rosen seien, und hineinbegehret, und weilen einer, so zuvor mit den Rosischen gewesen, von den Untertanen erkannt und den Reitern (Schutzwache) angedeutet worden, haben sie sich (die Reiter) mit einander in die Flucht begeben, die Partei aber in den Flecken gedrungen, darinnen nach ihrem Belieben gehauset, den einen Reiter ertappt, Koller ihm ausgezogen, Gewehr ihm abgenommen, etzliche Weiber genotzüchtigt, die Leute geschlagen, verwundet und ausgezogen, und was sie an Frucht bekommen, mit sich genommen. Nachdem nun das Geruf mit Geschrei hier (in Bingenheim) gehört und etzliche Personen von Echzell herübergelaufen kommen, haben sich die vier hier liegenden Salvogarden nach Echzell aufgemacht, die Partei, so doch schon sich beladen gehabt, wieder aus dem Flecken getrieben, unterdessen aber 4 Mann, 2 von Echzell, einer von Berstadt und einer von hier, fast tötlich verwundet worden, auch 4 Reiter samt den Pferden sich bemächtigt, davon 2 der Schultheiß mit einem Schreiben an Herrn Obristen von Gallen abgeschickt, die andern 2 aber die Garden zu Echzell sich behalten und die 4 Pferde allhero geliefert haben. Die zu Echzell behaltenen 2 Reiter wollen dem Cornet, so die Partei geführt, die Schuld geben. Weilen denn ungewiss, ob die 2 andern des Schultheißen Schreiben dem Herrn Obristen zubringen, habe alsbald allen Verlauf an ihn, den Herrn Obristen, schriftlich berichtet." der Sachverhalt war offenbar der, dass die „Partei" kaiserlich war, aber unter dem Vorwand, sie seien Rosisch, leichter ihr Vorhaben, den Ort zu plündern, ausführen zu können glaubten. Denn als solche hatten die Salvogarden ihnen nichts zu verbieten. Die „Untertanen", die einen der Eindringlinge als einen Rosenschen zu erkennen meinten, müssen sich getäuscht haben oder der betreffende Soldat war von Rosen zu den Kaiserlichen übergelaufen. Wir haben hier einen Beweis dafür, wie es „gemacht wurde", wie Freund und Feind sich an den wehrlosen Dörfern und Flecken vergingen.

Kaiserliche müssen auch einmal in Echzell gelegen haben. Denn 7 neue Diehlen, die der Steindecker zum Gerüst auf dem Turm brauchte, „sind hernach von den Kaiserlichen verbrannt worden". Die kaiserliche Armee ging Ende Oktober von Westfalen nach dem Ohmtal vor und mag auch unsere Gegend berührt haben. In diesem Jahre wurden wiederum etliche Türen und Stiegen im Pfarrhaus zerschlagen, ein Ofen in der untersten Stube zerstört, allerhand Schaden in der Kirche angerichtet. Im Inventar heißt es: ein kupfern Ofentöpfen ist vom Kriegsvolk genommen, ein Blatttisch mit einem Kreuz in der Unterstube ist verbrannt, ein geeicht und beschlagen Maß auch hinweg, ein schwarz wollen Tuch in der Kirche auch hinweggekommen in der Plünderung, der Lehnstuhl auf dem Kerner auch hinweg, eine lange Tafel im Glockhaus ist dahin. (Was es mit diesem Glockhaus für eine Bewandtnis hatte, ist nicht klar Es scheint die Wohnung des Glöckners gewesen zu sein[11]. Irgend eine Erinnerung daran ist nicht mehr vorhanden. Es verschwindet auch bald wieder aus den Rechnungen.) Den Echzellern, Bissern und Berstädtern wurden 1640 400 Schweine aus dem Walde (wo sie sich zur Mast aufhielten) hinweggetrieben, welche sie dann in Herbstein wiederzubekommen sich bemühten. Das mag geschehen sein, als die Weimarischen nach ihrem Abzug von Friedberg in die Ziegenhainer Gegend zogen. - Erwähnt sei noch, dass Hans Schöffer 15 T., also nahezu einen Gulden, aus dem Kirchenkasten erhielt, „dass er einen verstorbenen Mann in der Kriegsgefahr begraben".

In den Gabenverzeichnissen der nächsten Jahre fällt auf, wie viele Leute „aus dem Rosental" um Unterstützung baten. Ein Ort Rosental ist in der W. Chr. S 283 genannt; auf der Karte zwischen Kirchhain und Frankenberg zu finden. Er gehörte zum nördlichen Teile Oberhessens, den Hessen-Kassel 1627 verloren und an Hessen-Darmstadt abgetreten hatte. Hessen-Kassel trachtete ihn wieder an sich zu bringen, und es mögen sich dort wohl besonders schwere Kämpfe abgespielt haben. Dass auch zahlreiche Flüchtlinge aus der Kirchhainer Gegend und von der „Ohmelburg" erwähnt sind, nimmt nicht wunder, wenn wir aus der W. Chr. ersehen, wie oft Kirchhain und die Amöneburg heiß umkämpft waren.

Im Jahre 1641 brachte eine fürstliche Commission von Gießen Ordnung ins Rechnungswesen, oder versuchte das wenigstens. Sie war zweimal, vom 19. bis 23. August und vom 20. bis 22. Oktober in Ech-

---

[11] Gemäß DWB jedoch: „glockhaus, *n.*, *seit dem 12. jh. bezeugt als glossierung von: campanar* glochus *(12. und 13. jh.) ... campanile* glock(en)hus *(15. jh.) ... gemäsz der mlat. bedeutung von* campanarium, campanile **handelt es sich um den Glockenturm.**"

zell. Auffallend hoch sind die „Zehrungskosten" (Diäten würde man heute sagen). Sie betrugen insgesamt 74 fl. Der Wein wurde, da in Echzell keiner zu haben war, in Staden und Bingenheim geholt. Die Herren Commissarii ließen sich genauen Bericht über das Rechnungswesen erstatten, verhörten jeden einzelnen Schuldner und haben den in größte Not Geratenen erhebliche Zinsrückstände erlassen, z. T. auch, damit sie das geliehene Kapital „wieder anträten", d. h. in Zukunft wieder Zinsen bezahlten.

Waren bisher die Zinsen usw. in den Rechnungen so eingetragen worden, wie sie hätten eingehen sollen, ohne Rücksicht darauf, ob sie wirklich auch eingingen, so wurde jetzt bei den ausbleibenden Beträgen bemerkt: „ungebig", und in jeder Rechnung der Gesamtbetrag solchen ungebigen Geldes vermerkt; außerdem wurden Liquidationsverzeichnisse aufgestellt, die nicht von den Schuldnern selber, sondern von dem Pfarrer, Schultheiß oder Amtmann und einem Senior (Kirchenvorsteher) des Ortes unterzeichnet wurden, wo die Schuldner wohnten. Diese Orte sind: Echzell, Bisses, Gettenau, Bingenheim, Dornmassenheim (so schrieb sich damals Dornassenheim), Dauernheim, Staden, Florstadt, Reichelsheim, Heuchelheim, Melbach, Weckesheim und Unterwiddersheim. – Auf der ersten Seite des Verzeichnisses steht: „Die Kastenmeister haben bei uns fleißig angesucht, dass wir ihnen mit obrigkeitlicher Amtshilfe zur Eintreibung der Schulden behilflich seien. Wir bezeugen ihnen bei unserem redlichen christlichen Gewissen und bei unseren Eidespflichten, mit welchen wir Gott und unserer gnädigen Herrschaft zugetan sind, dass die nächstgesetzten (im Register aufgeführten) Schuldner samt ihren Erben teils sind gestorben, aus dem Lande hinweggegangen, verdorben, und die Unterpfänder sehr verderbt und wüste liegen und für diesmal nicht haben anderwertlich ausgetan werden können, teils die Schuldner durch die jetzigen kriegsverderblichen Zeiten so sind richtig verarmt, dass die angesetzte Schuld auf keinerlei Weise habe können erhoben und eingebracht werden." Die Unterpfänder waren Grundstücke und Hofraiten, welche für die entliehenen Kapitalien und die Zinsen zum Pfand gesetzt waren.

Der Verlust des Kirchenkastens wirkte sich so aus, dass
in 1642 gebig waren 147 fl. 4 T. 12 H., ungebig 110–3–12
in 1648 gebig waren 115 fl. 4 T. 2 H., ungebig 143–6–12.
Es mangelte dem Kirchenkasten also weit über die Hälfte seiner Einnahme. 1641 war der Pfarrer zweimal, der Collector sogar siebenmal in Gießen auf fürstlicher Kanzlei „der Collectorei Gebrechen wegen" oder wegen der Pensionen, wegen welcher (von Schuldnern) „um Nachlass supplicirt worden". Auch wurde in schlechtem Gelde bezahlt. So heißt es einmal: 40 fl. tut in schlechtem Geld 44–5–6. Eine Reihe früher ständiger Ausgaben wurde in der Rechnung abgesetzt, darunter der Gulden, den seit alters die Schuldiener (Lehrer) alljährlich auf Fastnacht erhielten.

Auch 1641 war Echzell vom Kriegsvolk heimgesucht. Im Oberstüblein der Caplanei mussten neue Fensterscheiben eingesetzt werden, weil die alten von den Soldaten zerschlagen waren. Desgleichen hatten sie das Geländer im Obergang und die Stiegen, sowie die unterste Haustüre zerschlagen. Drei Marburger Gesangbüchlein wurden gekauft, da die vorigen alle durchs Kriegsvolk in der Plünderung (vielleicht noch des vorigen Jahres) genommen. Die Kirchenbibliothek auf dem Kerner muss wieder „aufgebutzet und in eine neue Ordnung gestellt werden, weil sie die Soldaten durcheinandergeworfen hatten", auch ein neues Inventar wurde aufgerichtet. Was für Soldaten es waren, ist schwer festzustellen.

Um Neujahr 1641 muss schlimmes Unwetter gewesen sein. Ein Bote wurde „vor Tag in dem bösen Wetter" nach Reichelsheim geschickt, um den Abendmahlswein fürs Neujahr zu holen.

Im Jahre 1642 scheinen die Soldaten auf einen besonderen Trick verfallen zu sein, um zu Geld zu kommen. Sie nahmen Sachen, die ihnen selbst nichts nützten, aber für andere von Wert waren, weg, behielten sie selber oder verkauften sie, so dass der frühere Besitzer sie von ihnen oder dem neuen Besitzer wieder „lösen" musste. So machten sie es mit dem Brunneneimer und dem Lornseil, mit einem Fenster, dem Taufkessel, mit der ganzen Bibliothek und mit zwei Kirchenbüchern. Um derartige Übergriffe zu verhindern, wurden vier Lasten Bücher nach Bingenheim in Sicherheit gebracht. Einen Kalkzuber haben die Soldaten zerschlagen. Es können schwedische (Hessen-

Weimarische) oder kaiserliche gewesen sein, denn im Januar zogen die Schweden durch die Wetterau, und von März bis Ende Mai lagen bayrische Völker, durch kaiserliche Regimenter verstärkt, „mit großer Beschwerung des Wetterauischen Landvolks" da still (W. Chr., S. 265).

Eine Prüfungsbemerkung in der Rechnung ordnet an, dass „alle unnötigen Zehrungen und lüderlichen ... (leider unleserlich) -kosten hinfüro nicht mehr passirt (bei der Prüfung nicht mehr genehmigt) werden sollen."

Im März 1643 unternahm der schwedische General von Königsmarck, „der Meister der Kunst, auf planlos schweifenden Abenteuerzügen zu brandschatzen, zu plündern und zu veröden, und einer der ärgsten Raubvögel, welche damals Deutschland durchflogen" (W. Chr., S. 115) von Sachsen aus einen Streifzug durchs westliche Deutschland (W. Chr., S. 270). Dabei fiel er auch in die Lande des kaisertreuen Landgrafen von Darmstadt ein. Er zog nicht eher ab, bis ihm der Landgraf einen starken Tribut unter dem Titel Brandschatzungs-, Werbe- und Verpflegungsgelder zugestanden hatte. Diese „Königsmarckischen Gelder" treffen wir auch in den Kirchenrechnungen. Am 4. Juni ging der Collector ihretwegen nach Gießen und hielt um Erlass an, und der Kastenmeister war in Nidda und fragte, ob man sie geben solle oder nicht. Am 27. Juni erwirkte der Collector in Gießen einen Kanzleibescheid, dass man des Kastens verschonen solle. Aber es war wohl schon zu spät. Das erste Ziel wenigstens hatte bereits am 6. Juni bezahlt werden müssen, von Kirchenkasten nahezu 9, von der Collectorei (Altäre Cr. und Nic.) etwas über 9 fl. Man kann daraus schließen, welche Summen Königsmarck im ganzen Lande zusammenräuberte. Auch eine Kaiserliche Kreissteuer wurde erhoben, und zwar von den dem Kasten eingeräumten Feldgütern (3½fl.). Das waren die Güter, die von den Schuldnern der Kirche übergeben worden waren, damit sie, soweit möglich, anstatt der Zinsen Frucht davon bekomme. Die blieb aber auch vielfach aus, weil die Äcker wüst lagen.

Im Sommer waren hessische Truppen in der Gegend, wohl die in der W. Chr., S. 272 erwähnten 1 000 Hessen, die die Franzosen bis nach Breisach mitgeschleppt hatten, samt den hessischen Reitern, die schon früher der Weimarischen Armee gefolgt waren, und die nun auf Befehl ihrer Landesherrin, der Landgräfin Amalie von Hessen-Kassel, den Rückmarsch antraten. Unmutig, weil sie schlecht bezahlt und kümmerlich ernährt worden waren, zogen sie nun im Juni unter Anführung des Obersten Eberstein, der dann 1644 in darmstädtische Dienste trat, der Heimat zu. Die Zeitangabe stimmt damit überein, das die Wiesen durch die hessischen Völker ausgeätzet wurden und kein Heu gemacht werden konnte, weil sie ganz ausgegrast waren. In Echzell schlugen die Hessen die Wand im Caplaneistall ein, auch den Zaun des Pfarrgartens haben sie wohl zerstört. Denn es wurden 12 fl. für 25 Ruten Zaunpfähle ausgegeben und 300 Dornwellen gekauft und auf den Pfahlzaun geschlagen, und die Hecken des Pfarrgartens wurden ausgehauen und Wellen auf den Zaun daraus gemacht. - nicht feststellen lässt sich, wann „wegen bevorstehender Kriegsgefahr" die sechs Karren Frucht aus den Beständen der Pfarrei und Caplanei nach Bingenheim geführt wurden. Dort entlehnte man, weil kein Ort im Schloss zu bekommen war, eine Kammer, darin man die Frucht aufschüttete. Auch die Kirchenbibliothek und die Kirchenbücher kamen wieder einmal nach Bingenheim und wurden im Schloss in besonders angeschafften Laden aufbewahrt.

Mit den Geldern stand es nach wie vor schlecht, ja wurde es immer schlechter. Bei einer kleinen Einnahme ist besonders bemerkt, dass es „gut Geld" war. Eine Stiftung konnte nur zur Hälfte ausbezahlt werden, „dieweil die Pacht nicht hat reichen wollen". Eine andere wurde ungebig, da man von dem Mann (der das Geld zu geben verpflichtet war) nichts überkommen kann, weil er verarmet". Kapitalien, die – das geschah auch noch, wenn auch selten – zurückgezahlt wurden, lagen still, d. h. sie konnten nicht wieder ausgeliehen werden, „dieweil niemand sie annehmen wollen", und der Zinsverlust wird in der Rechnung in Ausgabe gesetzt. Der Gemeinde Bisses wurden 20 fl. fünfjährige Pension von 80 fl. „auf ihr bittendlich Anliegen" durch den Superintendenten erlassen, „weil sie ganz verarmuet", aber „zu dem Ende, damit sie ihre Pensiones inskünftig desto richtiger abstatten solle". Bei andern Zinsen ist bemerkt: „nicht zu überkommen". Ein Hauszins fällt aus, weil das Haus abgebrannt und nur der wüst Placken, davon nichts zu erheben, noch vorhanden. Aus einem andern abgebrannten Placken hat der Besitzer, der Jud Räbigen zu Bisses (1648 Jud Rabi genannt) einen Krautgarten gemacht. „Manche Güter sind im Besitz jetzt verdorbener und abgestorbener Zensiten gewesen und haben noch zur Zeit, weil sie nicht zum besten, nicht können verkauft werden, dass sie an Pensiones wären verwendet worden." – Ein Bote aus Gießen überbrachte eine Mahnung wegen der Beiträge, die die Kirchenkasse an den Kirchen- und Schuldiener zu Gießen zu zahlen hatte. Die Gemeinden der Superintendentur trugen zu irgendwelchen Pfarr- und Schulstellen in Gießen bei. Jenem Boten wurde, da er gar spät in Echzell ankam, für eine Nacht Zehrung verwilligt. Ob er sein Geld mitnahm, ist nicht festzustellen; er wird wohl ebenso wenig mitbekommen haben wie der Marburger Bote, vom dortigen Oeconomus, dem Rechnungsbeamten der Universität geschickt, damit er Stipendiatengeld einfordere. Den Botenlohn und die Zehrungskosten hatte aber der Kirchenkasten zu bezahlen.

Im Jahre 1643 war dem (vielleicht verstorbenen) Alt Hans Rühl zu Gettenau (bezw. seinen Erben) ein altes verfallenes Haus von den Märkern aberkannt und an Pensionen verwendet worden. Das „verfallen" bezieht sich möglicherweise nicht auf den baulichen Zustand des Hauses, sondern besagt, dass das Haus dem Kirchenkasten verfallen war. Dieser übernahm mit solchen Häusern auch die Pflicht, sie instand zu halten. 1644 schuldete Alt Hans Rühl oder seine Erben der Kirche aus den Jahren 1639 bis 1643 die Zinsen von 150 fl. Diese Zinsen waren in der Rechnung für ungebig gesetzt, „sonderlich weil die Erben cedirt und niemand anders das Kapital um Abstattung der Pension wiederum hat antreten wollen, wenn nicht noch andere unverschriebene Mittel daselbst durch die Erben wären vorgezeigt worden, als Hausscheuern mitsamt einem Viertel Krautgarten, welche durch die Obrigkeit gewürdigt und für 75 fl. verkauft worden sind, woran der Schultheiß an ausständigen Herrengeldern bevoraus hinweggenommen hat 7 fl. 16 Albus (der fl. hatte 30 oder 27 Albus), die Junker von Bisses an Hofraitenzins, von unterschiedlichen Jahren versessen, 5 fl. 20 Alb. 2 H., der Echzeller Gotteskasten 34 fl. 1 Alb. 6 H. und die Collectorei auch 34 fl. 1 Alb. 6 H. empfangen. Hierzu kommen noch die 3 fl. 1 Alb. an 10 Mesten Korn und 12 Mesten Hafer, welche von der verschriebenen Äckern anno 43 an Pacht gefallen, tut also 37 fl. 25 Alb. 6 H. Dieses ist aber an die obigen fünfjährigen Pensiones verwendet worden, welche sonst ungebig gewesen wären, jedes Jahr 7½fl = 37½ fl., und beläuft sich noch in 12 Alb. 2 H. übrig, welches aber dem 44. Jahr zur Zusteuer, weil es wiederum ungebig, soll beigesetzt werden". Wir haben hier ein

Beispiel, wie die Gläubiger, in diesem Falle der Kirchenkasten samt der Collectorei Echzell und die Junker von Bisses, sowie für rückständige Steuern der Schultheiß zu ihren Forderungen zu kommen suchten. Ein solches Vorgehen erscheint uns hart. Aber die bittere Not mag dazu gezwungen haben. Fehlt doch der Collectorei, die den Caplan und die Caplanei zu erhalten hatte, 1644 die Summe von 1 211 fl. an Zinsen, die bis dahin ausgeblieben waren. An Baugeld, d. h. für notwendige bauliche Herstellungen konnten nicht mehr als 3½ fl. aufgewendet werden. Das war wenig genug, zumal das Kriegsvolk immer neuen Schaden anrichtete. Die Wiesenschar konnte wiederum nicht verkauft werden, weil man sich wegen der hessischen Kriegsvölker den Sommer über meistenteils zu Bingenheim des besorglichen Einfalls halber hat aufhalten müssen. Niemand hat das Gras haben wollen, und es ist also teils heimlicherweise ausgegrast worden, das Übrige verdorrt. Ein Überfall war damals von seiten der Franzosen zu befürchten, die im Bunde mit den Schweden und Niederhessen Mainz nahmen. Um dieselbe Zeit zogen sowohl Hessen wie die sie verfolgenden Bayern durch die Wetterau. Wenn in der Wetterfelder Chronik das Jahr 1644 als eins der ruhigen Kriegsjahre „für unsere Gegend" bezeichnet wird, so gilt das wohl für die Gegend um Laubach, nicht aber für unseren Teil der Wetterau. Konnten die Leute dort sich wieder in ihre Dörfer zurückbegeben, so mussten sie bei uns hinter den festen Mauern Bingenheims Zuflucht suchen.

Das Jahr 1645 brachte große Trockenheit und Dürre. Es ist ein „sehr dürrer" Sommer gewesen und hat gar kein Gegräs gegeben, auch kein Obst. Im Winter, fraglich ist ob 1644/45 oder 1645/46, lag tiefer Schnee. Der Collector, der wegen rückständiger Herrengelder nach Gießen befohlen worden war, blieb „des großen Schnees wegen" vier Tage aus. Auch nach Nidda musste er der Herrengelder wegen dreimal. Welcher Art diese Gelder waren, ist aus den Rechnungen nicht zu ermitteln, wohl irgendwelche Abgaben an die Landesregierung. Der Kirche war mit Auspfändung gedroht worden, diese wurde aber durch einen Erlass der Gießener Kanzlei verhindert. – Wiederum wurde die Bevölkerung von „vorstehender Kriegsgefahr" beunruhigt. Fünf Karren Pachtfrüchte brachte man nach Bingenheim.

———————

Die Franzosen unter Turenne wurden Ende April geschlagen, und französisch-weimarische Flüchtlinge zogen durch die Wetterau nach Oberhessen, von der siegreichen bayrischen Armee verfolgt. Im Juni durchzogen beide Armeen unsere Gegend wieder südwärts. Kein Wunder, dass die Bewohner aus Schrecken und Sorge nicht herauskamen.

In diesem Jahre werden die Stipendien ganz hinfällig und erlöschen wegen „unvorsätzlichen Abgangs an der Einnahme der Zinsen". Sie wurden erst viel später wieder in Gang gebracht. – Die Frau Obristleutnant Gall zu Bingenheim schenkte der Echzeller Kirche ein „doppel daffet Tauftüchlein samt einem doppel daffeten Kindshäubigen". Vielleicht sind Echzeller Kinder bei der Flucht ihrer Mütter in Bingenheim geboren worden, und die Spenderin wollte einem vorhandenen Mangel bei der Taufe abhelfen. – Conrad Heuser zu Gettenau stiftete den Armen einen Gulden seines verstorbenen Schwähers Christophel Voigt wegen. Sowohl der Caplan Gampius wie der Schultheiß Mackenroth schenkten ein schwarzes Leichtüchlein zum Begräbnis der Kinder. – 1645 wurden beim hl. Abendmahl 1 150, 1646 1 250 Hostien gebraucht. Daraus geht hervor, dass sich doch viele, die 1639 fehlten, wieder zurückgefunden haben.

Der natürliche Bevölkerungszuwachs kann nur gering gewesen sein. Im Jahre 1646 erbrachte die Opferbüchse bei Hochzeiten nichts, „da keine Hochzeit gewesen". In diesem Jahre kamen noch einmal schwere Heimsuchungen über unsere Gegend. Der unselige Hessenkrieg trug dazu bei. (W. Chr. S. 282.) Hier wirkte sich der Entschluss Philipps des Großmütigen in verderblichster Weise aus, sein Land unter seine vier Söhne zu teilen. Ohne diese Teilung im Jahre 1567 wäre Hessen ein Großstaat innerhalb Deutschlands gewesen und geblieben. Jetzt zerfleischten sich die Hessen im allgemeinen Kampfe auch noch gegenseitig. – Um die Erntezeit haben die kaiserlichen wie auch die churbayrischen Kriegsvölker um Echzell herum gelegen, Winter- und Sommerfrucht abgemacht, abgeätzet und im Feld gedroschen, also dass niemand hat können Pacht geben. Auch das Gegräs haben sie abgemäht und abgeätzet. Im Dorf, an Kirche und Pfarrhäusern richteten sie großen Schaden an. Sie durchbrachen den Kirchturm, zerbrachen die Uhr, taten am Glockenstuhl und an den Weiberstühlen Schaden, nahmen das Seil der kleinen Glocke mit, entfernten an der Sakristei ein Malschloss[12]. Im Pfarrhof brachen sie das große Hoftor ab, verbrannten es, trugen die Glasfenster weg und ließen sie wieder bei sich einlösen, verbrannten einen Tisch, deckten ein Stück Dach auf dem Pfarrhaus ab, das dann zunächst notdürftig wieder mit Stroh gedeckt wurde, bis der Steindecker Schiefer auflegte. Der Ofen in der Unterstube, Stall und Scheuerdach mussten ausgebessert, ein neuer Borndeckel angeschafft, in der Caplanei ein neuer Ofen beschafft und die Schlösser wiederhergestellt werden, und zwei Männer hatten Arbeit, bis sie das Gehölz, welches die Krieger in den Brunnen geworfen hatten, wieder herauslangten. Im Kerner wurden drei Türen zerschlagen und weggetragen, ein von den Soldaten verkauftes Fenster wurde wieder eingelöst. Die Baukosten beliefen sich für die Kirche auf 26, im Pfarrhof auf 17, in der Caplanei auf 3½, zusammen auf 46½ fl. Und die Truppen, die so hausten, waren „Freunde", standen auf Seiten des Landgrafen von Darmstadt. – Kein Wunder, dass bei solchen Zuständen eine dem Kasten pflichtige Hofraite verwüst ledig steht und niemand sie zu bewohnen begehrt, und dass die früher schon erwähnten weit vom Dorfe entfernten drei Morgen Acker immer noch wüst liegen. Die Diener, Pfarrer, Lehrer und Glöckner, erhalten an Geld 41 fl. zu wenig, „alldieweil es mangeln will und die Ausgab größer ist als die Einnahm, bis zu besserer Zeit, da mans wieder völlig zu erhoffen hat – derowegen sie in Schuld stehen müssen, bis die Collectorei sich wieder erholt". Der Gehalt an Geld bildete nur den geringeren Teil des Einkommens, da die „Diener" die ihnen zustehenden Pfarrgrundstücke bewirtschafteten, und darin werden sie dieselbe Not gelitten haben wie die Bauern. – Zu den sonstigen Steuern tritt nun noch eine Brotsteuer. – Der Pfarrer Johann Henrich Fabritius schenkt nach Ableben seiner Hausfrau ein schwarz groß wollen Leichtuch auf den Altar, also wohl eine Altardecke zu Leichenfeiern.

1647 plündern die Schweden. Wir erfahren das aus dem Eintrag, dass dem Kasten ein Verlust von 3 fl. 12 H. von sechs Mesten Korn entstand, welche ihm „bei vergangener schwedischer Plünderung zu Bingenheim" genommen wurden. Das Echzeller Kirchendach scheint

---

[12] DWB: MALSCHLOSZ, *n. hängeschlosz, vorlegeschlosz, eigentlich das schlosz an einer reisetasche oder einem mantelsack*

bös mitgenommen worden zu sein; mussten doch 1 500 neue Schiefersteine auf das Dach. Wieder musste die von den Soldaten zerbrochene Uhr in Gang gesetzt werden. In die Kirche kamen neue Fenster. Der „Kirchhofsrost" wurde ausgebessert. Dieser seit alters oft erwähnte Kirchhofsrost (vielmehr deren mehrere) bildete den Zugang zum Kirchhof. Der Kirchhof war von Hecken umgeben. Damit nun durch offene Eingänge keine Schweine, Hunde oder Federvieh in den Kirchhof eindringen konnten, wurde eine Grube ausgehoben, über die Roste aus von einander abstehenden Latten gebreitet wurden. Auch hatte der Rost ein Geländer. Es war also eine Art Brücke. – Aus den Gaben „um Gottes willen" – im Ganzen 4 fl., dazu 10 fl. aus dem Klingelsäcklein – ergibt sich, dass wiederum aus der Kirchhainer und Amöneburger Gegend Flüchtlinge ins Dorf kamen; auch Wieseck ist mehrmals genannt. – „In Echzell", so schreibt der Rechner, „haben Nachbarn (die Dorfgenossen) das Rindvieh mehrerenteils wegen der beschwerlichen Kriegscontributionen begeben und verkaufen müssen." Infolgedessen fand auch das Gras auf den Wiesen keine Käufer, und „ohne das ist in der Gemeinde Gras genug zu bekommen gewesen. Auf den Wiesen wuchs fast nichts denn lang Rohr, welches das Vieh nicht gern isset". Dazu ist bei der Rechnungsprüfung bemerkt: „Es müssten diese Wiesen bereiniget und ausgebutzet werden, damit sie hiernächst wieder ausgetan werden können." „Auch soll der Collector zusehen, dass er die Güter so gut austue als immer möglich." Wiederum erhält die Kirche einen Kanzleibescheid wegen Dilation (Aufschub) der schuldigen Herrengelder.

Und nun das letzte Kriegsjahr. Auch 1648 sind Soldaten in Echzell. Sie zerreißen den Zaun um den Küchengarten und brechen die Gefache in den Ställen aus. Aber es scheint sich doch eine leichte Besserung anzubahnen. Denn es werden Zinsen bezahlt, die vier Jahre lang anstanden, auch ein Kapital, das bisher ungebig war. Es konnte auch wieder ausgeliehen werden, „also dass es hinfür wieder gangbar". Die Kirchenbibliothek wird von Bingenheim nach Echzell zurückgeholt. Zwei arme Weiber, die die Bücher halfen auslegen und abtragen, erhalten dafür Lohn. Wir hören, dass ein Echzeller, Stoffel Jäger, wieder in die Heimat zurückkehrt, „nachdem er sich etlich Jahr Armuts wegen außerhalb gehalten". Ihm wird seine alte Schuld an den Kirchenkasten erlassen. Im übrigen aber schaut uns noch viel Not aus den Kirchenrechnungen entgegen. Die Tochter des verstorbenen Kastenmeisters

Johann Heuser kann den Recess, den ihr Vater der Kirche noch schuldete, 10 fl., nicht erstatten. Er wird ihr erlassen. Immer noch muss um Nachlass der Herrengelder nachgesucht werden, namentlich ist Bisses im Rückstand. Die Gemeinde Echzell droht der Kirche Contributionen bezüglich der Kirchengüter an, weswegen der Collector nach Gießen geschickt wird, um es zu verhindern. Noch müssen sich die Diener Gehaltsabzüge gefallen lassen.

Und als Taube mit dem Ölzweig nach der Sintflut erscheint in den Rechnungen einzig und allein eine – Friedenssteuer.

Und doch, wie werden die Leute beim Klang der Friedensglocken aufgeatmet haben! Des Friedens hat sich freilich nicht mehr mitfreuen können der Pfarrer, der fast die ganze Zeit des Dreißigjährigen Krieges in Echzell miterlebt und miterlitten hat, Johann Henrich Fabritius (auch Fabricius). Er starb im Januar 1648. Am 28. Mai wurde als sein Nachfolger Johann Moritz Soldan eingeführt. Er gehört der immer noch nicht leichten Nachkriegszeit an, der Zeit des Wiederaufbaus, aber auch der Hexenprozesse. Er unterstand nicht mehr dem Darmstädter Landgrafen, sondern dem Landgrafen Wilhelm Christoph von Hessen-Bingenheim. Denn noch im Kriege, am 30. Mai, ließ dieser sich im Schlosshof von seinen Untertanen huldigen, wobei er ½ Fuder Wein spendete. Und schon die Rechnung für 1648 trägt die Aufschrift: „Hier fängt die Bingenheimer Regierung an."

*

Nachtrag:

Aus den Gettenauer Kastenrechnungen, die nach Abfassung des vorstehenden Berichtes durchgesehen wurden, ergibt sich noch folgendes auf Gettenau Bezügliche:

1623 plünderte Braunschweigisches Kriegsvolk Gettenau. Es zerstreute die Versicherungen der Kirche, wohl die Schuldscheine für entliehenes Kapital und dergl., die hernach wieder „colligirt" werden mussten.

1624 werden auf Verwilligung des Herrn Superintendenten den verwundeten Soldaten zu Eichelsdorf 1 fl. 3 T. aus dem Kasten gegeben.

1625 erhält ein Hispanier zur Erledigung der gefangenen Christen in der Türkei 6 T. 12 H., 1626 ein hispanischer Jesuiter ½ Reichtaler (= 10 T.) zu demselben Zwecke.

1627 gibt der Kasten 11 T. 2 H. zu einem Leichkarn (Sarg) zum Begräbnis eines armen Mannes, der bei Caspar Jacobs Wittib starb, ferner 4 T. 2 H. zum Begräbnis einer armen Magd, so bei Hans Eckarts Wittib starb.

1632 ist ein Henrich Euders zu Heuchelheim, „jetzt zu Weckesheim", genannt, der „an Bettelstab geraten" und von dem die Pension (Zins) nicht zu bekommen". Der Mann befand sich auch noch im Jahre 1634 in solcher Not.

1635 werden 5 fl. für 2 hanfene Seile an die 2 Glocken ausgegeben. Die Seile waren durch die Soldaten hinweggenommen worden. Diese hatten die Kirchentüre aufgebrochen, das Schloss daran zerschlagen, und das neue Schloss wurde dann abermals von den Soldaten abgerissen. Aus der Kirche verschwanden: eine neue deutsche Bibel, drei Gesangbücher, ein „Bonisch" Gesangbuch, ein leinwand Handzwehl (Handtuch) zum Gebrauch bei der Taufe und ein schwarz wollen Altartuch. Nur die Hessische Kirchenordnung ließen die „räuberischen Soldaten" liegen.

Von 1641 bis 1647 stiegen die ungebigen Pensionen von 15 auf 23 fl., gebig waren 1647 noch 69 fl.

1647 haben die Kastenmeister aus Henrich Vexen altem, (dem Kasten) verfallenen Hause 4 fl. gelöst, „welches Gehölz zu bauen verkauft worden, weil es (das Haus) zu nichts anderem mehr zu gebrauchen gewest". Henrich Vexen war wohl verstorben, sein Haus fiel dem Kasten zu, war aber in so schlechtem Zustande, dass man lediglich die Balken noch für 4 fl. verkaufen konnte. Wir hören 1647 auch von wüst liegenden Gütern.

Eigene Lebensbeschreibung des Polizeikommissärs Johannes Groth von Echzell

datiert 31. August 1846

übertragen und mit Anmerkungen versehen

von Georg Renner

Johannes Groth *wurde am 21. April 1774 als Sohn des Johannes Groth (geb. 14.08.1744, gest. 30.01.1802) und dessen Ehefrau Eva Gertraut geb. Stoll (geb. 14.12.1747, gest. 20.10.1781) in Echzell geboren; er verstarb am 29.07.1852.*

Die Lebensbeschreibung des Echzeller Bürgers zeigt seine vielfältigen Aktivitäten als Schmied, Landwirt, Gerichtsschöffe (seit 1816), Bürgermeister (1821-1836), Polizeikommissär und Abgeordneter des ersten Hessischen Landtags (1820-1824) und liefert ein anschauliches Bild der damaligen gesellschaftlichen Verhältnisse auf dem Land.

Georg Renner

Meinen freundlichen Gruß
dem Leser der nachfolgenden Zeilen.

Noch stehe ich unter euch, Ihr Kinder, Ihr Enkel, Ihr Urenkel, Ihr Freunde und Verwandten und kann Euch erzählen die
Geschichte meines Lebens, aber über Kleines, so wird der Mund
verstummen, der so gerne zu Euch redete. Ich fühle zu sehr die
Abnahme meiner Kräfte, die mir deutlich verkündet, dass der
Herr bald kommen wird, um mich abzurufen von dem Schauplatz
dieser Erde und mich aufzunehmen in sein himmlisches Reich.

Da es nun immer mein Grundsatz war, zu wirken, solange es
Tag ist, weil ich wusste, dass auch für mich die Nacht kommen
würde, da niemand wirken kann, so will ich den Abend meines
Lebens noch dazu benutzen, um Euch, ihr Lieben, ein Vermächt-
nis zu hinterlassen, worin ich gewissenhaft niederschreibe, wie
ich es anfing, um so weit zu kommen, welche Hindernisse sich
mir in den Weg stellten, und welche Schwierigkeiten ich dabei
überwinden musste. Ich bin zwar überzeugt, dass mein Andenken
schon darum in Segen bei Euch bleiben werde, weil ich Euch die
Früchte meiner Anstrengung hinterlasse; aber damit nicht genug:
Ihr müsst auch wissen, wie sauer mir die Aussaat geworden und
Euch überzeugen, wer ernten will, der muss auch säen, und dass
bei allen meinen Unternehmungen oberster Grundsatz war:
Üb' immer Treu und Redlichkeit bis an Dein kühles Grab,
Und weiche keinen Finger breit von Gottes Wegen ab,
und dabei mir immer sagte: „Lüge und betrüge nie!"

Der Welt, die mit mir gelebt hat, sind mein Pflichteifer und
meine rastlose Tätigkeit, meine Treue und meine Redlichkeit
hinreichend bekannt, nicht aber der Nachwelt. Ihr hinterlasse ich
zwar die Früchte meiner Wirksamkeit, aber unbekannt bleiben ihr
die Müh und Arbeit, die ich aufwenden musste, die Angst und

Die erste Seite des handschriftlichen Manuskriptes der „Eigenen Lebensbeschreibung des Polizeikommissärs Johannes Groth von Echzell“

Sorgen, die mir mancher Nacht nicht gestatteten, mich des Schlafes zu erfreuen, und die Beschwerden und Verdrießlichkeiten, mit denen ich zu kämpfen hatte und die ich erdulden musste.

Darum möchte ich euch das alles schriftlich hinterlassen, damit ihr daraus lernen möget, dass der Mensch, der ein Ziel erreichen will, tapfer kämpfen muss.

Aber ich müsste ein ganz dickes Buch schreiben, wollte ich alle Erlebnisse euch aufzeichnen. Darum werde ich mich nur auf die Hauptsachen beschränken und dabei auch das mit Stillschweigen übergehen, was mir Ärgernis und Verdruss machte und mein Herz mit Kummer erfüllte. Ich will das Unangenehme, das ich meist vergessen habe, nicht nochmals in mein Gedächtnis zurückrufen und will Euch nicht auf die Schattenseiten des menschlichen Lebens aufmerksam machen. Sie werden Euch früh genug bekannt werden, wenn Ihr sie durch eigene Erfahrung und Anschauung kennen lernt. Ich will lieber die Lichtseite des von mir Erlebten um so mehr hervorheben und all das Angenehme erzählen, das ich erlebte, schaffte und wirkte und will Euch die Männer aufzeichnen, in deren Gunst ich stand und die mich in meinem Wirken unterstützten.

In nachfolgenden Abrissen teile ich Euch also meine Lebensgeschichte mit.

Ich wurde am 21. April 1774 geboren. Mein Vater war Schmied und leistete auch tierärztliche Hilfe, welche Leute man auch Kurschmiede nannte. Meine Mutter ist eine geborene Stoll. Ich verlor sie im achten Jahr meines Alters. Mein Vater trat nach einiger Zeit in die zweite Ehe und es blieb nicht aus, dass wir Kinder auch manche stiefmütterliche Behandlung erfuhren. Meine Eltern nährten sich ehrlich aber kümmerlich von Ihrer Profession und etwas Landgut. Sie schickten mich in die Ortsschule, wo ich lesen und schreiben lernte, freilich sehr unvollkommen, wie die Schulen damals waren. In meinem Mannesalter habe ich das nachholen müssen, was die Kinder jetzt in der Schule erlernen.

Nach meiner Konfirmation erlernte ich die Schmiedeprofession bei meinem Vater. Im 18. Jahr, zur Zeit der Belagerung von Mainz, wurde ich zum Soldaten gezogen und kam in das Leibregiment zu Darmstadt, wo ich 11 Monate als Soldat diente und dann das Glück hatte, den Abschied zu bekommen.

Im 21. Jahr meines Lebens verheiratete ich mich mit Elisabeth Margaretha[1], einer Tochter des Johannes Kraft von hier. Sie gebar mir 4 Kinder, wovon noch 3 Kinder leben. Ein Kind starb in früher Jugend. Von meinen Kindern erlebte ich 15 Enkel und von diesen 6 Urenkel.

In den ersten Jahren meines Ehestandes musste ich doppelte Arbeit übernehmen. Ich sollte bei meinen Schwiegereltern den Ackerbau führen und sollte auch bei dem Vater in der Profession behilflich sein. Ich tat, was ich tun konnte, um beide zu befriedigen. Dabei aber war mein Erwerb so gering, dass ich glaubte, das Tabakrauchen einstellen zu müssen, um diese Ausgabe zu vermeiden. Als meine Schwiegermutter dies merkte, fragte sie mich darüber und schenkte mir eines Sonntages ein Paketchen Tabak, wofür ich ihr herzlich dankte.

Mein Vater wurde mir durch einen plötzlichen Tod entrissen. Er wurde nach Bingenheim ins Amtshaus zu dem Herrn Regierungsrat Zuehl zu einem kranken Pferd gerufen. Dort fühlte er plötzlich ein Übelbefinden, er wurde ins Haus aufs Bett gebracht, starb aber alsbald daselbst. Seine Leiche wurde hierher gefahren und hier beerdigt.

Bald darauf übernahm ich das elterliche Haus und mit demselben die Schmiede, worauf ich nun die Profession auf meine

---

[1] Geb. am 15.03.1773

Rechnung betrieb, zuerst mit einem Lehrjungen und dann mit einem Gesellen. Zugleich musste ich aber auch 800 fl. Schulden übernehmen. Hiervon gingen bei meiner Heirat 300 fl.[2] ab, welche meine Frau als Brautgabe von dem Großvater Saalfeld erhielt. Dadurch minderte sich meine Schuld, aber es mangelte doch das bare Geld, das ich nötig hatte. Ich überzeugte mich bald, dass ich es anders angreifen müsste, wenn ich nicht ebenfalls zurückgehen wollte, wie dies bei meinen Eltern in der zweiten Ehe der Fall war.

Mein Gut, das in 23 Morgen Acker aus meinem elterlichen Erbteil und aus der Brautgabe meiner Frau bestand, wurde von den Kunden bestellt, wie dies mein Vater auch besorgen ließ. Allein ich sah immer mehr ein, dass dies nur Lehnsarbeit blieb. Um daher einen höheren Ertrag aus meinen Güterstücken zu erzielen, schaffte ich ein Pferd an und bebaute mein Feld selbst, wobei ich mich bald überzeugte, wie wohl ich damit getan. Als ich später das Gut meiner Schwiegereltern gegen eine jährliche Pacht übernahm und hierzu noch 15 Morgen Frankensteinisches Gut kamen, das meine Schwiegereltern in Pacht hatten, da schaffte ich das 2. Pferd an, weil ich nun 59 Morgen Ackerland zu bebauen hatte, nämlich 23 Morgen eigenes und 36 Morgen gepachtetes Land. Jetzt war ich früh und spät in steter Tätigkeit.

---

[2] Abk. für Fiorino, Floren, Florin, ursprünglich eine Goldmünze aus Florenz (florenus aureus), später als Goldgulden auch in Deutschland geprägt. Der **Gulden** bezeichnete ursprünglich eine Goldmünze, später aber auch eine Recheneinheit und eine Silbermünze. Daher unterscheidet man Goldgulden, Rechnungsgulden und Silbergulden.
Von der ersten in 1252 emittierten Goldmünze dieser Art, dem Florentiner Fiorino d'oro, lateinisch *florenus aureus*, leiten sich sowohl die Namen *Floren* oder *Florene* (deutsch), *Florijn* (niederländisch), *Florin* (französisch und englisch) und *Forint* (ungarisch) ab als auch die international gängigen Abkürzungen **fl.** oder **f.** Demgegenüber setzte sich im Süden und Westen des Heiligen Römischen Reiches Deutscher Nation schon früh der Name *Gulden* durch (gekürzt aus mhd. *guldin pfenninc* oder *guldin pfennic*).

In diese Zeit fällt der Ankauf des ersten halben Morgen Landes auf der Versteigerung der Pfarrer Amendschen Güter. Obgleich dieser Acker auf Zielzahlung versteigert wurde, so erinnere ich mich noch recht lebhaft, wie ängstlich besorgt ich war, wenn Martini heranrückte, dass ich die wenigen Gulden beisammen hatte, die ich da zu bezahlen hatte.

Später, als ich die Erwerbsquellen erweitert hatte, habe ich immer Güterstücke angekauft, sodass ich jetzt laut Kaufbrief 123 Morgen angekauftes Land, bestehend aus Äckern und Wiesen aufweisen kann, was alles zu meiner Errungenschaft gehört.

Wie ich zu einer solchen Errungenschaft gekommen, muss ich nun auch erzählen, denn weder meine Profession noch mein Land konnten mich in diesen Stand setzen, und wenn ich auch noch so tätig gewesen wäre. Es war ein anderer Weg, der mich dahin führte, und hier kann man sehen, wie aus dem kleinsten Umstand oft die größten Folgen sich entwickeln können.

Es ging im Jahre 1805 viel Frucht nach Fulda, und ein Jude von dort namens Meier hatte bedeutende Lieferungen. Dieser verakkordierte[3] mir durch Vermittlung seines Knechtes Salomon Frank aus Oberseemen 5 Achtel nach Gedern zu fahren und bezahlte mir dafür 5 Gulden. Bei dieser Gelegenheit erbot ich mich, die Frucht hier aufzukaufen, was bisher der Knecht besorgt hatte, und nach Gedern abzuliefern. Meier nahm diese Offerte an und damit begann der Fruchthandel, den ich später so ausgedehnt betrieben und dem ich einen großen Teil meines jetzigen Vermögens zu danken habe.

Anfangs erhielt ich neben dem Fuhrlohn 4 Kreuzer Makelgeld, später 6 und 10 Kreuzer für das Achtel, nachdem sich Meier überzeugt hatte, dass ich ihn ehrlich bediente. Dieser Handel ver-

---

[3] eine zu leistende Arbeit vergeben

größerte sich bald so sehr, dass ich wöchentlich 100 Achtel Frucht ablieferte.

Hierzu war ein bedeutendes Betriebskapital erforderlich oder ein großer Kredit, ersteres hatte ich nicht, letzteren musste ich erst erwerben. Allein das hielt so schwer nicht, weil ich mir zum Gesetz gemacht hatte, jedesmal bei meiner Rückkunft die auf Kredit empfangene Frucht zu bezahlen. Bei meinen Verwandten dahier eröffnete ich zuerst meinen Kredit, dann auch in Gettenau, wo ich besonders den Johannes Rühl nennen muss. Mit besonderem Dank erwähne ich noch den seligen Inspektor Bähr von hier, von dem ich oft Früchte, sowohl eigene als auch seiner Verwaltung unterliegende, erhalten habe, wobei ich mir erlaube, folgenden Vorfall zu erzählen:

Ich brachte Inspektor Bähr 300 fl. für empfangene Frucht. Als dieser das Geld eingenommen hatte, sagte er zu mir: „Groth, mit Euch habe ich Ursache zufrieden zu sein und Euch muss geholfen werden. Nehmt das Geld, das Ihr gebracht und schlagt es in Eurem Handel nochmals um!" Ich nahm mit Dank diese Offerte an und fragte, wann ich es abliefern sollte. Als er mir die Bestimmung des Termins überließ, wollte ich in 14 Tagen die Rückzahlung leisten, allein er verdoppelte den Termin. Ich hielt pünktlich Wort und als ich bei dem Wiederabtrag ihm einen Taler Zinsen zahlen wollte, wies er diesen mit Unwillen zurück und erklärte mir, er habe mir nur das Geld gegeben, um mir besser fortzuhelfen. Die wohlwollende Gesinnung gegen mich hat dieser brave Mann sein ganzes Leben hindurch erhalten und mir eine Stunde vor seinem Tode nochmals bewiesen. Auf dem Krankenbette liegend ließ er mich durch Lehrer Müller zu sich rufen, und, in die Stube eingetreten, winkte er mich zu sich ans Bett, reichte mir die Hand und sagte: „Freund, ich sterbe jetzt und sage Euch hiermit Adieu, aber jenseits sehen wir uns wieder bei unserem Heiland!" Er drückte mir nochmals die Hand, drehte sich um und nach einer halben Stunde hatte er vollendet.

Der Fruchthandel, den ich nun so eifrig betrieb, verursachte große Anstrengung und Arbeit und war wegen des Geldtransportes in jener unsicheren Zeit sehr gefährlich. Die Früchte mussten aufgekauft, zusammengefahren und dann in Gedern abgeliefert werden. Die Wege in hiesiger Gegend waren damals noch sehr schlecht, von einem chaussierten Wege wusste man nichts, aber im Vogelsberg waren sie noch weit schlimmer. Mehr wie fünf Achtel konnte man auf ein Pferd nicht rechnen und der Weg nach Gedern und zurück wurde in einem Tag mit Zuziehung eines Teiles der Nacht zurückgelegt. Es wurde am Abend geladen, morgens gegen 2 Uhr aufgebrochen und spät abends kamen wir wieder nach Haus. Dabei wurde sehr sparsam gelebt. Gewöhnlich kamen wir gegen 6 Uhr morgens nach Ober-Schmitten, hier wurde gefrühstückt, was wir von Haus mitgenommen und auf die Person für 2 Kreuzer getrunken. Nun ging's nach dem Oberwald, dessen Höhe wir gegen Mittag erreichten. Dort wurde wieder etwas genossen, wobei eine im Laub rieselnde Quelle den Trunk dazu lieferte. In Ermangelung von Gefäßen nahm man den dreieckigen Hut und füllte eine Ecke voll für den Mann und den Kopf voll für das Pferd und dann ging's weiter.

Da ich oft bei Nacht fahren musste und manchmal den Weg verlor, so achtete ich stets sehr auf die Sterne, die mir immer wieder die rechte Richtung angaben, wenn ich sie verloren hatte.

In diesen nächtlichen Reisen war auch Vorsicht geboten, da Geld immer den schlechten Menschen reizt und die berüchtigte Wetterauer Bande in damaliger Zeit die ganze Gegend unsicher machte.

Zweimal bin ich in Gefahr gewesen, aber jedesmal ihr glücklich entgangen, weil eine innere Unruhe mir die Nachtruhe nicht gestattete und ich die Nacht zum Tage machen musste. In Gedern bekam ich eine große Summe Geldes ausgezahlt. Es war schon Abend geworden, als ich dort ankam, weil der Weg durch den Hochwald wegen des vielen Regens schlecht ging. Ob ich gleich und mein Fuhrmann, der sogenannte Prinz, sehr müde, auch unsere Pferde fast marode waren, so hatte ich keine Ruhe, es musste noch diesen Abend gefahren werden. Prinz, der nicht wollte, wurde durch eine List fortgebracht, indem ich ihm die Kirchweihe in Unterschmitten vorhielt, wo wir bei unserem Wirt die Nacht über bleiben wollten. Im Walde angekommen, mahnte ich Prinz zur Vorsicht und die Rodhacke in die Hand zu nehmen. Obgleich der Abend sternhell war, so wurde es im Wald doch dunkel und plötzlich stutzte das Vorderpferd. Ich rüstete mich zum Angriff und forderte Prinz ebenfalls auf, der auch dazu bereit war. Wir fanden zwar hier keine Menschen, die uns im Wege standen, aber die Straße war durch einen Verhau gesperrt und zwar durch Bäume, die auf halbe Mannshöhe abgeschnitten und quer über dem Weg durch gedrehte Weiden zusammengebunden waren. Ich hatte Mühe, alles aufzuschneiden, um durchzukommen. Im Hochwald, so hoffte ich, sollte es besser gehen, allein hier war es noch schlimmer. Da war der Weg durch Reiserhaufen gänzlich versperrt, ich war genötigt ihn zu verlassen und durch den Wald zu fahren und die Sterne hatten mir wieder die Richtung anzugeben, die ich nehmen musste. Wir kamen glücklich nach Ober-Lais, wo wir übernachteten. Ob dieser Weg um meinetwillen oder um eines anderen Willen versperrt wurde, kann ich nicht sagen, aber ich denke mir, es war am Abend geschehen, um am frühen Morgen in dieser Schlinge jemand zu fangen. Wer weiß, wie es mir am anderen Morgen dort ergangen wäre. Dass ich Geld für meine Früchte in Empfang nahm, konnte kein Geheimnis bleiben.

Einem anderen Verlust entging ich in Lißberg. Dort war ich mit dem Fuhrmann Hinkel im Herbst am späten Abend ganz ermüdet angekommen und brachte ein tüchtiges Bündel Geld mit, das ich in Ober-Seemen eingenommen. Aus Besorgnis kehrte ich statt im Wirtshaus bei einem mir bekannten Privatmann ein. Diesem gab ich mein Geld, was dieser in ein Schränkchen einschloss, das in der Stube war, wo wir schlafen sollten. Er reichte mir den Schlüssel, aber ich nahm ihn nicht an. Wir ließen uns auf die Streu nieder und schliefen gleich ein. Ich mochte wohl eine Stunde geschlafen haben, als ich mit Bangigkeit aufwachte und erklärte, dass ich jetzt fort fahren wolle. Hinkel, mein Begleiter, wollte nicht, aber er musste. Ich bat den Hauswirt um ein Licht und als ich fort fahren wollte, verlangte ich mein Geld. Der Wirt schloss das Schränkchen auf, es war leer und das Geld war fort. Ich ging den Wirt hart an, dass er um das Geld wissen müsse; da sagte er mir, ich solle einmal unter meinen Säcken suchen, die auf der Bank lagen, und ich fand das Geld hier, das vor 2 Stunden in das Schränkchen geschlossen wurde. Ich stellte über dieses Verhältnis keine weitere Untersuchung an, froh und zufrieden, mein Geld wieder zu haben. Wir fuhren fort bis Selters, wo wir verweilten, bis der Tag anbrach.

Noch einen Umstand muss ich erwähnen, der sich während meines Fruchthandels nach Gedern ereignete. Die auf das elterliche Haus übernommenen Schulden drückten mich sehr und ich beschäftigte mich öfters mit dem Gedanken, was ich unternehmen müsse, um sie los zu werden. Diesem Gedanken gab ich eines Sonntagsmorgens Raum, als ich nach Gedern reiste. Ich wurde bewegt und mein Herz betete zu Gott, dass er mir Mittel und Kraft geben möge, als ehrlicher Mann zu bestehen. Ich kann heute noch das Plätzchen zeigen, wo ich damals betete und so oft ich später da vorbeiging, erinnerte ich mich immer recht lebhaft an jenes Gebet, an dessen Schluss ich mir sagte und vornahm: „Verlass Dich auf den Herrn, und er wird Dir helfen!" Ich habe es getan und seine Hilfe auch reichlich erfahren.

Die Fruchtablieferungen nach Gedern machten den Anfang zu dem Fruchthandel, den ich später sehr eifrig und eingehend betrieben habe. Ich kann sagen, es ist wohl kein Städtchen im Oberfürstentum, wohin ich nicht Frucht geliefert oder wo ich nicht Frucht abgeholt hätte. Der Haupthandel ging jedoch nach Frankfurt und Mainz und die Ablieferung der Frucht geschah meist in Fechenheim, das am Main liegt. In Frankfurt wurden indessen die Händel abgeschlossen. Dort war jeden Montag und Donnerstag Fruchtmarkt, der im sogenannten „Töppler Höfchen" abgehalten wurde. An diesen Tagen durfte ich dort nicht fehlen. Aber mit welchen Anstrengungen war dies verbunden !

Zuerst machte ich den Weg zu Fuß. Ich musste also jede Woche zweimal 16 Stunden Weges an einem Tage zurücklegen. Hierzu kommt noch ein Tag der Ablieferung der verkauften Früchte entweder in Frankfurt oder in Fechenheim, an dem ich wieder 16 Stunden an einem Tage zurückgelegt, allerdings auch die Nacht in Anspruch genommen. werden musste. Dass ich jedesmal am Abend nach abgehaltenem Markt wieder heimkehrte, war unumgänglich selbstverständlich, weil mein Makler schon auf Weisung wartete, ob gekauft werden sollte oder nicht und zu welchen Preisen. Die Anstrengung war für mich so groß, dass ich auf meinen Fußmärschen in einen schlafähnlichen Zustand verfiel, wobei ich mir vornahm, bis zu einer gewissen Stelle mit geschlossenen Augen fortzugehen. Dabei hätte ich beinahe einmal das Leben eingebüßt. Ich nahm mir vor, bis zu einer gewissen Stelle zu schlafen und wollte bis dahin wieder wach sein. Allein die allzu große Müdigkeit ließ mich die Augen länger schließen und ich fiel in eine Hohl von oben herab. Dieses Ereignis ließ in mir den Entschluss reifen, ein Pferd zum Reiten anzuschaffen und den Weg nicht mehr zu Fuß, sondern zu Pferd zu machen. Ich fand ein passendes Pferd bei Schmied Ritzel in Friedberg, der ein abgelegtes Felleisenpferd[4] von dem dortigen Wachtmeister geschenkt bekommen hatte, das er mir verkaufte. Nun war ich ein

---

[4] Ein Felleisen war bei der Post die Bezeichnung für das Behältnis, in das die Briefschaften eingelegt wurden. Es wurde verschlossen, mit Eisen ummantelt und einem Postreiter zur Beförderung auf die nächste Pferdewechselstation übergeben. Am Bestimmungsort wurde das Felleisen geöffnet, und die darin befindlichen Briefe wurden an die Empfänger weitergeleitet. Damit ist das Postfelleisen ein Vorläufer des späteren Postsacks.

stattlicher Reiter, der täglich seine 16 Stunden zu Pferd zurück-legte. Am Abend war ich auch müde, allein es ging doch besser als zu Fuß. Dabei muss ich aber doch erwähnen, dass mir das Reiten so zusetzte, dass ich Blutspeien davon bekam und auf den Reisen im kalten Winter die Beine bis über die Knie herauf erfro-ren habe.

In dieser beschriebenen Art habe ich den Fruchthandel bis 1817 betrieben, wo ich ihn niederlegte. Außerdem hatte ich auch die Frucht- und Mehllieferung für das um diese Zeit in Rödel-heim errichtete Magazin. Ich habe auch zur Zeit der großen Teue-rung im Jahre 1817 eine bedeutende Lieferung nach Lauterbach vollzogen. Damals wurde das Korn zu 24 fl., die Gerste zu 22 fl. bezahlt.

Konnte ich außer dem Fruchthandel noch auf andere Weise einen Verdienst machen, so ergriff ich gerne die Gelegenheit. Ich erlaube mir hierzu folgendes mitzuteilen, um nur eines zu erzäh-len: Die Staatsstraßen wurden früher in der Art gebaut, dass ei-nem jeden Amt sein Teil überwiesen wurde. Dem Amt Bingen-heim war für die Straße von Gießen nach Lollar ein sehr bedeu-tender Steintransport aus dem Hangelstein an den Seltersberg bei Gießen zugeteilt. Diese Steine an Ort und Stelle zu schaffen, ak-kordierte ich dem Herrn Regierungsrat Zuehl ab und nahm zu meinen Fuhren noch 15 andere Fuhrleute an, die viele Wochen mit diesem Transport beschäftigt waren, trotzdem nie Mittag ge-macht wurde und das Fuhrwerk vom frühen Morgen bis in die späte Nacht anhaltend ging. Ich konnte nur zweimal in der Wo-che regelmäßig bei meinen Fuhrleuten sein, hatte jedoch alles so geregelt, dass es auch ohne meine Gegenwart seinen geregelten Gang ging. Nach vollendetem Werk nahm ich eine große Gurte voll Geld, um in Wieseck, wo meine Leute ihr Logis und die Verköstigung hatten, die letzten 14 Tage auszuzahlen. Es blieb mir nichts übrig, und ich hatte nicht so viel, dass ich den Kaffee für dem anderen Morgen bezahlen konnte und doch hatte ich den

Leuten einen Staub Wein versprochen. Borgen wollte ich nicht. Darum zogen wir in Wieseck morgens ohne Kaffee ab, auch wusste ich die Leute um Gießen herumzuführen, in der Hoffnung, die Einkehr in Steinbach zu machen. Auch da ritt ich durch, und die Fuhrleute, selbst ohne Geld, mussten folgen. Auch bei Grüningen machte ich es so, allein da verließen mich die Leute und kehrten bei Marfeller ein. Ich musste auch dahin umkehren und fand sie bei gut besetzten Tischen. Der Wirt erkannte aus meiner Niedergeschlagenheit, dass mich etwas drückte und als ich auf seine Fragen erzählte, erwiderte er, ich hätte vollen Kredit bei ihm und er wolle mir noch weitere 50 fl. geben, wenn ich es wolle. Jetzt erst schmeckte auch mir das Frühstück.

Nachdem ich den Fruchthandel niedergelegt hatte und die Landwirtschaft noch so viel Zeit ließ, habe ich längere Zeit die Lieferungen für die Kavallerie in Butzbach besorgt und die Offiziere daselbst haben mich so geachtet, dass sie mich einmal mit ihrer ganzen Mannschaft in Echzell besucht haben, wo sie bei dieser Gelegenheit ein kleines Manöver ausführten, indem sie sich als zwei feindliche Korps gegenüberstellten und bekämpften.

Außer der Landwirtschaft beschäftigte ich mich damals wie auch heute mit der Branntweinbrennerei und Essigbereitung. Die Landwirtschaft lag noch sehr im Argen und man wusste von einem landwirtschaftlichen Verein, der Anweisungen und Aufmunterungen erteilte, noch nichts. Man war also auf sich und die bereits gemachten Erfahrungen beschränkt. Ich lebte ganz für die Landwirtschaft und sann ständig darüber nach, was für dieselbe geschehen müsse und wie man dem Boden höhere Erträge abgewönne. Ich kann heute mit Freude und Dank bekennen: es ist mir vieles geglückt und ohne ruhmredig zu sein, darf ich sagen, ich habe meinen Anteil daran, dass sich dieselbe in Echzell und der Umgegend emporgeschwungen hat. Dies hat auch der Vorstand des landwirtschaftlichen Vereins erkannt; er hat mir mündlich und schriftlich dieses ehrenvolle Zeugnis gegeben und hat mir die öffentliche Anerkennung zuteil werden lassen, indem er mir die Verdienstmedaille für Verdienste um die Landwirtschaft verliehen hat.

Wie ich schon gesagt habe, die Landwirtschaft lag damals noch sehr im Argen und da ich ihr nun fast meine ganze Tätigkeit widmete und darüber nachdachte, wie ihr aufzuhelfen sei, so fand ich bald dieses, bald jenes wo gebessert und nachgeholfen oder geändert werden musste. Zuerst fiel es mir auf, dass sehr flach gepflügt wurde, und doch erlaubte unser Boden, dass man so tief, als man wollte, ackern konnte. Ich ließ darum einen Zoll tiefer ackern als man pflegte und der Nutzen davon blieb nicht aus.

Dann ließ ich aber auch öfters ackern, z.B. wurden die im Winterfeld gelegenen Äcker nach der Ernte noch zweimal geackert. Dann führte ich die Gründüngung hier ein, indem ich Erbsen in die Kornstoppeln säte, die im Herbst mitgeackert wurden. Meine Äcker, die im künftigen Jahr Kartoffeln tragen sollten, wurden gewöhnlich im Herbst vorher schon gedüngt und zubereitet. Bei vielen Äckern unseres Feldes fand es sich, dass die Angewann hoch und in der Mitte Tiefen und Lachen waren. Wo ich das bei meinen Äckern vorfand, habe ich die Angewann abtragen und damit die Lachen ausfüllen lassen.

Dem Düngewesen habe ich ganz besonders meine Aufmerksamkeit gewidmet. Ich habe meine Miststätten öfters ändern lassen, damit der Mist weder durch Wasser ersäuft, noch durch die Hitze verbrannt wurde. Der Mist wurde nach erlangter Reife ausgefahren. Jedoch vermied ich die allzu frühe Ausfuhr im Frühjahr, wodurch die Äcker verfahren wurden und der Mist, noch nicht untergeackert, an seiner Güte verlor. Dann legte ich Pfuhlbehälter an und hatte das erste Pfuhlfass in Echzell, um diesen herrlichen Dünger auf Äcker und Wiesen zu fahren. Das Düngen mit Pfuhl kannte man hier noch nicht, deshalb wurde ich verlacht und verspottet, weil man glaubte, dass das Ackerland dadurch nur verdorben würde. Auch der Komposthaufen durfte nicht fehlen, sowie die Gründüngung, von der ich schon gesprochen habe. Meinen Viehbestand hatte ich auch bedeutend vermehrt, wodurch ich im Stande war, den nötigen Dung zu erzielen.

Der vermehrte Viehbestand nötigte mich, an Vermehrung des Futters zu denken. Daran ließ ich es denn auch nicht fehlen. Die Kleezucht wurde recht tüchtig betrieben, aber leider missrät dieser so oft in unserem Feld, darum richtete ich mein Augenmerk auf die Wiesen. Hier sah man Köpfe, wo im heißen Sommer die Gewächse verbrannten und tiefe Stellen, wo im Frühjahr das Wasser nicht weichen wollte. Für beides musste Abhilfe sein und da kam mir meine amtliche Stellung als Bürgermeister gut zu statten. Als solcher dachte ich darauf, die Wiesen zu entsumpfen, was durch angelegte und noch anzulegende Gräben möglich ist. Unter meiner Leitung wurde dafür gesorgt und ich machte das unmöglich Scheinende möglich. Dann aber mussten die Wiesen bewässert werden. Ich leitete das Wasser aus der Horloff über den sogenannten Viehweg an zwei Stellen, legte Schleusen an und der Erfolg war, dass das ganze Ried bewässert wurde. Ebenso sorgte ich für die anderen Wiesengründe, dass sie bewässert wurden. Hierdurch wurde der Graswuchs natürlich sehr gefördert. Ich habe aber auch Dünger auf die Wiesen gebracht, wozu die zu Staub gewordenen Braunkohlen sich eigneten und Anhöhen in den Wiesen abheben und Tiefen damit auffüllen lassen. Die Maulwürfe, welche durch ihre Aufwürfe dem Graswuchs Schaden tun, habe ich fangen lassen, besonders aber war ich sie durch Überschwemmen der Wiesen zu vertilgen bestrebt.

Die Kartoffelzucht allhier hat sich seit jener Zeit, wo ich meine Landwirtschaft tätiger zu betreiben anfing, sehr gehoben und ich glaube hieran durch Einführung des Kartoffelpfluges in seiner jetzigen Konstruktion einen bedeutenden Anteil zu haben. Als Branntweinbrenner hatte ich viele Kartoffeln nötig und vermehrte darum den Anbau auf meinen Äckern, allein die Bearbeitung derselben kostete zu viel Tagelohn. Ich sann darüber nach, ob man sie nicht mit dem Pflug bearbeiten könne und fand dies noch besser, als es mit der Hacke ging. Hierdurch zog man mehr Kartoffeln, da ihre Bearbeitung weniger kostete. Mit Kartoffeln und der Schlempe vom Branntweinbrennen ernährte ich Schweine und Rindvieh, aber auch die Pferde gewöhnte ich an solches Futter, das aus Häcksel und Kartoffeln bereitet wurde. Dasselbe ernährte sie reichlich und ich konnte den teuren Hafer ganz entbehren.

Auf bessere Nachzucht beim Rindvieh musste auch gesehen werden. Ich schaffte darum schwereres Vieh, sogenannte Schweizer Bastarde, an und sorgte auch dafür, dass die Zuchtochsen für die Gemeinde aus schwererem Vieh bestanden. Hierdurch wurde bewirkt, dass die Bauern statt 3 fl. für ihre Kälber 10 - 15 fl., ja sogar 20 Gulden erlösten, was bei mir der gewöhnliche Preis war. Ich habe Saugkälber von 1 Zentner und darüber gehabt.

Auch auf Verbesserung des Ackerfeldes richtete ich meine Aufmerksamkeit. Es litt hauptsächlich durch Wasser, wo man ganze Gewanne sah, auf denen Teiche angelegt zu sein schienen oder, wenn das Wasser sich verzogen, die so versumpft waren, dass sie erst spät im Jahr bebaut werden konnten. Zuerst ließ ich Wasserfurchen ziehen, deren Richtung ich dadurch angab, dass ich im Winter genau beobachtete, wo sie nötig und wie sie ausgeführt werden mussten. Manche dieser Furchen führten eine solche Menge Wasser ab, dass dieses imstande gewesen wäre, ein Mühlrad zu treiben. Sie leisteten damit die besten Dienste. Dem ohngeachtet fand ich bei Anlegung der Wasserfurchen den größten Widerstand von Seiten der Ortsbewohner und des Vorstandes und ich hatte harte Kämpfe zu bestehen, um diese Sache durchzusetzen, die jetzt jedermann gutheißt. In der sogenannten „Wasserfall" legte ich einen Rieselkanal von Steinen in meine Äcker, fuhr dann die Angewannen darauf, legte dadurch die Acker gleich und entfernte die nassen Stellen. In unserem Felde fanden sich auch mehrere Wasserbehälter, große lange Gräben oder runde Teiche, von unseren Vorfahren angelegt, um das Wasser aus den Äckern zu ziehen. Hier legte ich Kanäle an, um das Wasser abzuleiten, oder Furchen, um es fortzuführen. An der westlichen Seite von Echzell befindet sich in einem Garten ein großer Wasserbehälter, „Lehmkaute" genannt, der nur in nassen Jahren sich mit Wasser füllte, aber die Folge hatte, dass dann auch in vielen Kellern des Ortes sich Wasser einstellte. Auch hier legte ich einen Kanal an, der das Wasser nach der Horloff führte, wodurch ich alle Keller trocken legte. Hätte man in diesem Frühjahr den Kanal ausgebessert, so hätte mit leichter Mühe der großen Wassernot in den Kellern können abgeholfen werden.

Meine von meinen Eltern für 800 fl. übernommene Hofreite, die Ihr jetzt groß und geräumig seht und die nun zu 9 200 fl. von den Bautaxatoren zur Brandkasse geschätzt ist, ob sie mich gleich durch das verschiedene Bauwesen weit mehr kostete, war ehemals so klein und ungeräumig wie eine höchst mittelmäßige Bauernhofreite. Ich habe alles an ihr umgebaut, so dass nur noch von dem alten Wohnhaus etwa die untere und die obere Stube da sind, wo jedoch auch Veränderungen stattgefunden haben. An das Haus baute ich nach Westen einen Teil, wodurch ich zwei Stuben bekam; dann nach Osten das neue Brauhaus von Stein, über dem sich eine schöne große Stube befindet, und nach Norden zu das alte Brauhaus. Alle Ökonomiegebäude habe ich von Grund auf neu gebaut. Neben dem Haus legte ich einen Keller an und hinter der Scheune baute ich einen großen im Sommer kühlen und im Winter warmen Keller. Das Bauwesen hat mich große Summen Geldes gekostet, aber es ist auch wieder dabei herausgekommen.

Der schlechte Zustand der Vicinalwege[5] entging mir nicht und es konnte mich nur freuen, als von Amts wegen befohlen

---

[5] Nebenweg, Verbindungsweg zwischen zwei Orten. Erst ab Mitte des 19.

wurde, dass die Straße von Wohnbach nach Echzell gebaut werden sollte. Allein damals hatte man noch keine Baumeister, die sich des Gemeindebauwesens annahmen und noch keine Arbeiter, die solche Arbeiten auszuführen verstanden. Mir als Bürgermeister gab man den Befehl, es auszuführen. Ich musste also den Baumeister selbst machen, aber gar oft auch dem Taglöhner zeigen, wie er arbeiten sollte. Die zwei Reihen Bäume, die längs der Straße herziehen, habe ich angelegt, bin beim Setzen tätig gewesen und habe sie mit Wasser versehen, um das Angehen zu befördern. Durch die Arbeit lernte ich mich auch in dieses Fach hineinwerfen und fand bewahrheitet, was das Sprichwort sagt: „Wem Gott ein Amt gibt, dem gibt er auch Verstand". Ich habe später nicht bloß an dieser Straße fortgebaut, sondern auch noch andere angelegt und freue mich immer, so oft mich der Weg nach dem Wald führt, hier eine herrliche Straße gebaut zu haben, wo ehemals ein fürchterlicher Weg war, so dass mehrere Pferde dort die Beine gebrochen haben. Die Mittel dazu verschaffte mir der großherzogliche Forstmeister Klippstein durch eine Holzfällung aus der Mark, die damals noch ungeteilt war.

Auch für wohlfeilen Brandstoff habe ich durch einen glücklichen Zufall sorgen helfen. In Gemeinschaft mit Herrn Revierförster von Gall machte ich einen Spaziergang. Wir kamen an einem ausgeworfenen tiefen Graben vorbei. Die Erde aus demselben zog unsere Aufmerksamkeit an und wir glaubten dieselbe für Torf erklären zu müssen. Ich nahm davon mit nach Hause, trocknete die Stücke auf dem Herd und sah bald aus meiner Erde

---

Jahrhunderts führten die Verwaltungen der deutschen Fürsten und Königshäuser Straßenbaugesetze ein (z. B. Badisches Straßenbaugesetz 1860 oder Baden Württembergisches Straßenbaugesetz 1872). In den Gesetzen wurden Straßentypen und Standards erstmals definiert:
*   Ortsweg (heute Hauptstraße)
*   Vicinalstraße/Nachbarschaftsstraße (heute Land-, Kreis-, Bundesstraße)
*   Feldweg

ein freudiges Feuer auflodern. Dies war genug für mich um nachzusinnen und Versuche anzustellen, wo dieser Torf zu finden sei. Ich zog Erkundigung bei Herrn Berginspektor Storch ein, welcher sich auch später persönlich bei mir einstellte und die Lage in Augenschein nahm, und ich war so glücklich, einen ganzen Wiesengrund voll Torf zu finden. Ich kaufte dorten Güterstücke an und betrieb die Torfgräberei so stark, dass ich von nun an keinen anderen Brennstoff in der Küche sowohl wie im Brennhaus gebrauchte. Früher brannte ich Braunkohlen von Salzhausen, wofür ich jährlich gegen 400 fl. bezahlte, ungerechnet den teueren Transport. Jetzt brauchte ich kaum ein Viertel dieses Geldes zur Gewinnung des Torfes und das Geld verdienten arme Leute zu einer Zeit, wo sie sonst wenig oder keinen Verdienst hatten.

Nach dem Tode meiner Frau habe ich über die Hälfte meines Gutes unter Euch, meine Kinder, verteilt, und habe für mich noch 52 Morgen Äcker und 18 Morgen Wiesen zur Bewirtschaftung behalten. Auch habe ich bisher die Branntweinbrennerei noch fortgesetzt. Dieser Betrieb der Landwirtschaft ist unumgänglich nötig für mich, weil ich ohne ein bestimmtes Geschäft nicht sein kann. Die in meiner Jugend mir angewöhnte Tätigkeit habe ich mir bis in mein 73. Jahr bewahrt und noch gönne ich mir nur wenige Stunden Schlafes in der Nacht. In dem Bett habe ich selten mehr als drei Stunden gelegen, indem ich erst nach 12 Uhr mich zu legen pflegte.

Nachdem ich Euch mein Privatleben in seinen Hauptzügen geschildert habe, will ich nun auch noch einen Blick auf mein öffentliches, dem Staats- und Gemeindedienst gewidmetes Leben werfen. Es lässt sich zwar das Privat- und öffentliche Leben nicht ganz streng von einander trennen, weshalb in dem ersten Abschnitt meiner Lebensbeschreibung manches schon vorgekommen ist, worauf meine amtliche Stellung viel mit eingewirkt hat.

Im Jahre 1816 wurde ich von den hiesigen Gerichtsschöffen zu ihrem Mitglied auf Lebenszeit gewählt. Von nun an nahm ich den Gemeindehaushalt ins Auge und suchte für denselben zu tun, was meine Kräfte und Stellung mir gestatteten. Zuerst suchte ich den Zinsfuß bei den Gemeindeschulden von 5 auf 4 vom Hundert herabzusetzen, was Landrat Ouvrier vergeblich schon versucht hatte, weil kein Kreditor dies gutwillig tun wollte. Ich dachte darüber nach und fand das einzige Mittel, um die Herabsetzung zu bewerkstelligen in einem vorhandenen Kapital, wodurch man jedem Gläubiger die Spitze bieten konnte. Ich selbst reichte hierzu der Gemeinde die Hand, indem ich mein Betriebskapital aus dem Handel zurückzog, und der Gemeinde 6 000 fl. zu 4,5 % darlieh, außerdem benutzte ich meinen Kredit, um das vorgesteckte Ziel zu erreichen. Jetzt war ich im Stande, jeden Kreditor aufzufordern, wie er es wollte, entweder das Kapital zu 4 $^1/_2$ % stehen zu lassen oder in einem Viertel Jahr sein Kapital zurück zu empfangen. In wenigen Wochen standen sämtliche Kapitalien der Gemeinde zu dem niederen Zinsfuß.

Im Jahre 1817 beantragte ich bei Herrn Amtmann Zuehl zu Bingenheim die Errichtung eines Notspeichers für Echzell und Gettenau. Dieser trug den Vorschlag der Regierung in Gießen vor und von dort kam eine Verfügung, worin es hieß, man belobe den Antrag des Gerichtsschöffen Groth und man solle ihn in allen Stücken unterstützen. Allein leider fand ich diese Unterstützung bei den Vorständen der Gemeinde nicht wodurch diese notwendige Einrichtung unterbleiben musste. Da indessen die Not so groß war, so wollte ich wenigstens als Einzelner tun, was in meinen Kräften stand. Darum kaufte ich für 318 fl. Frucht bei Herrn Verwalter Rühl in Berstadt. Herr Inspektor Reiber übernahm nicht bloß die Verwaltung, sondern lieferte auch noch von seinen Früchten dazu und so ward es möglich, dass wir die Bedürftigsten mit Brot und Saatgut unterstützen konnten.

Auch bei der Teilung des sehr bedeutenden Gemeindegutes, die von zwei armen Ortsbürgern beantragt wurde, bin ich tätig gewesen. Zuerst schüttelte ich den Kopf dazu, ebenso das Gericht. Als unsere Weigerung nichts half, stand ich auf der Seite der meisten Ortsbewohner, welche wollten, dass die Teilung zwar vollzogen würde, aber nicht auf Eigentum, sondern nur auf einen lebenslänglichen Besitz, was wir mit dem Ausdruck „Absterben und Nachrücken" bezeichneten. In der Hoffnung, dass es so kommen würde, half ich teilen. Wir schieden das Land in 9 Klassen, betrachteten Stück für Stück und glaubten dadurch eine ganz gleichmäßige Teilung herzustellen. Wenn die Folge zeigte, dass ein Unterschied zwischen den Losen war, so wirkten noch andere Umstände mit ein. Wir teilten aber 1000 Morgen Gemeindegut in 316 Lose und mussten uns trotz allem Widerspruch gefallen lassen, dass dieses Land Eigentum derer wurde, die damals in Genuss waren und mitgeteilt hatten. Ich hielt dies für eine große Kalamität für den Ort und leider hat man die Wahrheit davon später einsehen müssen. Die Regierung hat dies auch erkannt und darum die Teilungen eingestellt.

Vom Wahlbezirk Echzell wurde ich 1820 als Deputierter zum ersten Landtag gewählt. Auf diesem Landtag wurde die Verfassungsurkunde entworfen und beraten. Da der Entwurf dazu nicht freisinnig genug erschien, so machten sich viele Mitglieder und Nichtmitglieder ein Geschäft daraus, denselben zu sprengen. Man bearbeitete die Deputierten, Darmstadt zu verlassen, ja man zahlte ihnen die Reisekosten in ihre Heimat. Auch mir sind Anträge dieser Art gemacht worden, allein ich habe dieselben nicht nur zurückgewiesen, sondern auch meine Kollegen aus dem Bauernstand, die sich an mich angeschlossen hatten, zum Bleiben bestimmt. Hierdurch war es möglich, die Verfassungsurkunde zu beraten. Der selige Großherzog[6] hat meine Verdienste erfahren, hat mich öfters zu sich einladen lassen und hat mir zu erkennen

---

[6] * 14.06.1753, seit 06.04.1790 Ludewig X., letzter Landgraf von Hessen-Darmstadt, seit 13.08.1806 Großherzog Ludewig I. Als Mitglied des Deutschen Bundes seit 1815 nahm Ludwig I. den Titel eines "Großherzogs von Hessen und bei Rhein" an. Er starb am 06.04.1830

gegeben, wie er meine Verdienste so wohlgefällig aufgenommen. Er hat mich durch den Herrn Obrist von Breidenbach auffordern lassen, ihn doch ja öfters zu besuchen. Während ich in Darmstadt am Landtag war, hat meine Frau hier der Wirtschaft mit großer Tätigkeit und Fleiß vorgestanden, so dass, wenn ich von 14 Tagen zu 14 Tagen hier nachsah und revidierte, alles im besten Stande war.

Bei der ersten Bürgermeisterwahl 1821 wählten mich Echzell und Bisses zu ihrem Bürgermeister, wodurch meine ganze Tätigkeit in vollstem Maaße in Anspruch genommen wurde. Ich nahm zwar alsbald einen Scribenten an, der alle schriftlichen Arbeiten zu besorgen hatte, allein es blieb mir doch noch so viel übrig, dass alle meine Kräfte in Anspruch genommen waren. Dem Scribenten habe ich nicht allein alle Nebenverdienste überwiesen, ich habe ihm auch die Bürokosten überlassen und noch dazu freie Station in meinem Hause gegeben. Es kann darum keine Rede davon sein, dass das Bürgermeisteramt mir etwas eingebracht hätte.

Was ich für Be- und Entwässerung der Wiesen, für Trockenlegung der Felder und für den Vicinalwegebau getan habe, habe ich bereits erzählt. Mein Augenmerk richtete ich als Bürgermeister auch auf die Feld- und Ortspolizei, wo sehr vieles zu tun war. Ich suchte den Beschädigungen, die durch Ackern und Fahren geschahen und die enorm waren, entgegen zu arbeiten und war bemüht, jedem sein Eigentum zu erhalten. Da gab es denn mancherlei Kämpfe, zuerst mit den Feldschützen, deren Tätigkeit angespornt werden musste, und dadurch, dass die alten abgeschafft und neue angestellt wurden. Ich hatte es mir zur Aufgabe gestellt, die Schützen zu überwachen. Darum konnte man mich bei Tag und Nacht im Felde finden, was ich umso mehr konnte, da ich stets ein Reitpferd hielt. Durch meine unausgesetzten Bemühungen brachte ich es dahin, dass man mit den Feldschützen zufrieden sein konnte.

Auch für die Ortspolizei war vieles zu tun. Es musste dem Nachtschwärmen und Schreien auf der Straße Einhalt geboten und dafür gesorgt werden, dass die Wirtshäuser zur rechten Zeit verlassen wurden. Sicherheits- und Nachtwachen waren einzurichten, die Feuerordnung zu handhaben, die Spritze stets in Bereitschaft zu halten, auf Reinhaltung der Straßen war zu sehen. Kurz, auch die Ortspolizei nahm meine Tätigkeit in Anspruch[7].

Im Jahre 1828 war ich tätig dabei, als die Armenversorgungsanstalt unter Mitwirkung des Großherzoglichen Pfarrers Reiber und unter dem Großherzoglichen Landrat Hess ins Leben gerufen wurde, die heute noch besteht. Auf mein Betreiben hin stellte der Gemeinderat der Armenkommission ein Stück Land zur Verfügung, das jährlich mit Kartoffeln angepflanzt wurde, welche im Frühjahr unter die Armen verteilt wurden. Weiter gestattete der Gemeinderat auf mein Betreiben hin, dass jährlich eine Quantität Holz für die Armen angefahren und im Winter in kleinen Quantitäten ausgeteilt wurde. Die Armenanstalt wurde durch freiwillige Beiträge an Brot und Geld dotiert, welche wöchentlich von den einzelnen Ortseinwohnern, die unterzeichnet hatten, gehoben wurden. Anfangs bestand der wöchentliche Beitrag gegen 60 Laib Brot und mehrere Gulden Geld. Später nahmen die Beiträge ab, einige Wohlstehende wollten gar nichts mehr geben. Dadurch wurde man genötigt, den Bedarf für die Armenunterstützung durch Umlage zu erheben. Im ersten Jahr ward dieser Bedarf auf 600 fl. berechnet, später sank er auf 400 fl., und jetzt steht er vielleicht auf der Hälfte.

Um das Jahr 1836 wurde in Echzell der erste Singverein[8] unter Mitwirkung des Herrn Pfarrer Reiber und der beiden Herren Lehrer Bierau und Eberhardt ins Leben gerufen. Auch hieran

---

[7] Siehe Anhang 2

[8] Im Jahr 1957 Zusammenschluss mit dem in 1870 gegründeten Gesangvereins „Frohsinn" zum Gesangverein „Einheit" 1835 Echzell

habe ich Anteil genommen, meinen Gefallen an solchen Vereinen zu erkennen gegeben und auch heute bin ich außerordentliches Mitglied des jetzt bestehenden Gesangvereins.

Um diese Zeit wurde ich zum Polizeikommissär für Echzell gewählt, welche Stelle ich auch mehrere Jahre lang versah, bis meine häuslichen Verhältnisse mich nötigten, um meinen Abschied einzukommen, der mir auch willfahrt wurde.

In allen meinen amtlichen Verhältnissen als Gerichtsschöffe, Bürgermeister, Polizeikommissär und Landtagsabgeordneter habe ich mich stets der Achtung und Liebe meiner vorgesetzten Behörde zu erfreuen gehabt und man hat mir mündlich und schriftlich zu erkennen gegeben, wie zufrieden man mit meinem amtlichen Wirken gewesen ist. Eine schriftliche Belobigung erhielt ich von Landrat Ouvrier, mündlich tat dies Kreisrat Seitz sowie die Herren vom Landgerichte. Auch die unter meiner Verwaltung Stehenden, welche mir oft entgegentraten und mir mein Amt erschwerten, haben später erkannt, was sie an mir hatten und meine Verwaltung ist von Vielen zurückgewünscht worden, nachdem ich sie niedergelegt hatte.

Ich schließe hiermit, aber ich möchte Euch noch auf eines aufmerksam machen. Ich bin von Gott reichlich mit äußeren Gütern gesegnet worden, denn ich hinterlasse Euch, meine drei Töchter, 165 $^1/_2$ Morgen Land, habe Euch je 3.300 fl. Brautgabe gegeben, hinterlasse eine Hofreite, die über 10.000 fl. veranschlagt ist und habe den Kindern meiner Schwester in Reichelsheim ihre Hofreite und Güter mit 500 fl. losgekauft und geschenkt. Aber glaubt darum nicht, dass ich nicht auch meine Bürde gehabt habe. Die großen Strapazen haben meinem starken Körper sehr zugesetzt, die Folgen erfrorener Beine habe ich länger als 20 Jahre verspürt, ein Übel in der Nase machte mir keine Schmerzen, war aber immer lästig, ein schwerer Odem hat mir aber viel zu schaffen gemacht, indem mir die Luft oft so mangelte, dass ich glaubte ersticken zu müssen. Dieser Umstand war zugleich auch Ursache, dass ich Sommer wie Winter bei geöffnetem Fenster schlafen musste. Neun Jahre stehe ich schon als Witwer da und vier Jahre vor ihrem Tode war meine Frau gefallen, wurde lahm und hat in dieser Zeit die obere Stube nicht verlassen können. Also schon 13 Jahre entbehre ich der weiblichen Pflege, die man in dem höheren Alter so ungern entbehrt und so wohltuend empfindet, und was das Härteste war, ich konnte mir diese Pflege für Geld nicht erkaufen. Ihr sehet mich jetzt an einem Stabe einhergehen, weil ich ohne ihn nicht mehr gehen und stehen kann. Der Herr hat mein Gebet erhört, er hat mich nie im Leben verlassen, darum will ich ihm dienen, bis mein graues Haupt, das ich nun 73 Jahre getragen, in die Gruft hinabsinkt und kommt der Ruf: „Trete ab von diesem Schauplatz!" so will ich gerne folgen und sprechen: „Herr, nun lässest Du Deinen Diener fahren in Frieden!"

Euch aber rufe ich jetzt noch einmal zu: „Euer Leben lang habet Gott vor Augen und im Herzen und scheuet Euch irgendetwas Böses zu tun. Bleibet fromm und haltet Euch recht, so wird es Euch zuletzt wohlergehen".

Echzell am 31. August 1846.

Johannes Groth.

Anmerkung *von Georg Renner*

Das Werden der ersten Hessischen Verfassung 1820

Bereits wenige Jahre nach den napoleonischen Befreiungskriegen kam es zu den ersten Versuchen zur Einführung eines Verfassungsstaates. So forderten die hessischen Standesherren im Frühjahr 1816 die Umsetzung des Art. 13 der Wiener Bundesakte „In allen Bundesstaaten wird eine landesständische Verfassung stattfinden". Nachdem die Forderungen nach Einführung einer Verfassung immer massiver wurden, verordnete Ludewig I per "Edikt" den Entwurf eines Verfassungstextes und die alsbaldige Wahl von Landständen. Mit der Ausarbeitung eines Verfassungstextes wurde Prof. Karl von Grolmann, Gießen beauftragt. Sein von Staatsrat Karl Jaup überarbeiteter Entwurf wurde am 21.12.1820 als „Verfassungs-Urkunde des Großherzogthums Hessen" verkündet.

Nach dieser Verfassung wurde Hessen-Darmstadt zu einer konstitutionellen Monarchie, im Mannesstamm erblichen Monarchie. Eingeführt wurde ein Zweikammersystem. Die erste Kammer setzte sich überwiegend aus hessischen Standesherren zusammen, während die zweite Kammer aus fünfzig Abgeordneten bestand, die durch indirekte, geheime Wahl ermittelt wurden. Dabei durften die Urwähler nur Bevollmächtigte, diese wiederum nur Wahlmänner und diese letzlich die Abgeordneten wählen. Frauen hatten kein Wahlrecht. In Anlehnung an das Preußische Dreiklassenwahlrecht war nur wählbar, wer entweder 1000 Gulden Vermögen besaß oder 100 fl. direkte Steuern zahlte. In Hessen waren das nur etwa 1.000 Personen. Zu diesen 50 Abgeordneten gehörte von 1820 – 1824 für den Bezirk Echzell/Bisses/Nidda entsprechend seinen Fähigkeiten und seines Vermögens der Bürgermeister und Polizeikommissär Johannes Groth aus Echzell.

Anhang 1:

Auszug aus der „Verfassungs-Urkunde des Großherzogthums Hessen" vom 17. Dez. 1820

Verfassungs=Urkunde

des

Großherzogthums Hessen.

LUDEWIG von Gottes Gnaden Großherzog von Hessen und bei Rhein ꝛc. ꝛc.

Nachdem Wir die, in Gemäßheit des Artikels 21 Unsers Edicts vom 18ten März d. J. über die landständische Verfassung geäußerten Wünsche Unserer getreuen Stände über die constitutionellen Bestimmungen vernommen und in Beziehung auf dieselben Unsere Entschließungen gefaßt haben; so finden Wir Uns nunmehr bewogen, diese Entschließungen und die durch dieselben nicht abgeänderten verfassungsmäßigen Bestimmungen Unsers Edicts vom 18ten März d. J. über die landständische Verfassung, so wie auch aus dem Wahlgesetze, der Geschäftsordnung, dem Edicte über das Staatsbürgerrecht und dem Edicte über den Staatsdienst in eine Urkunde zusammenzufassen und Wir verordnen daher folgendes, als

Die Verfassung des Großherzogthums.

Artikel 18.

Alle Hessen sind vor dem Gesetz gleich.

Artikel 19.

Die Geburt gewährt Keinem eine vorzügliche Berechtigung zu irgend einem Staats-Amte.

Artikel 20.

Die Verschiedenheit der in dem Großherzogthume anerkannten christlichen Confessionen hat keine Verschiedenheit in den politischen, oder bürgerlichen Rechten zur Folge.

Artikel 21.

Den anerkannten christlichen Confessionen ist freye und öffentliche Ausübung ihres Religions-Cultus gestattet.

Artikel 22.

Jedem Einwohner des Großherzogthums wird der Genuß vollkommener Gewissensfreiheit zugesichert. Der Vorwand der Gewissensfreiheit darf jedoch nie ein Mittel werden, um sich irgend einer, nach den Gesetzen obliegenden, Verbindlichkeit zu entziehen.

Artikel 23.

Die Freyheit der Person und des Eigenthums ist in dem Großherzogthum keiner Beschränkung unterworfen, als welche Recht und Gesetz bestimmen.

Artikel 24.

Jedem Hessen stehet das Recht der freyen Auswanderung, nach den Bestimmungen des Gesetzes, zu.

Artikel 25.

Die Leibeigenschaft bleibt, nach den deßfalls bestehenden Gesetzen, für immer aufgehoben.

Artikel 26.

Ungemessene Frohnden können nie Statt finden und die gemessenen sind ablösbar.

Artikel 27.

Das Eigenthum kann für öffentliche Zwecke nur gegen vorgängige Entschädigung, nach dem Gesetze, in Anspruch genommen werden.

Artikel 28.

In ausserordentlichen Nothfällen ist jeder Hesse zur Vertheidigung des Vaterlandes verpflichtet und kann für diesen Zweck zu den Waffen gerufen werden.

Artikel 29.

Jeder Hesse, für welchen keine verfassungsmäßige Ausnahme bestehet, ist verpflichtet, an der ordentlichen Kriegs-Dienstpflicht Antheil zu nehmen. Bei dem Aufrufe zur Erfüllung dieser Verbindlichkeit entscheidet unter den gleich Verpflichteten das Loos, mit Gestattung der Stellvertretung.

Artikel 30.

Alle Hessen sind zu gleichen staatsbürgerlichen Verbindlichkeiten und zu gleicher Theilnahme an den Staatslasten verpflichtet, in so ferne sie nicht eine verfassungsmäßige Ausnahme für sich in Anspruch zu nehmen haben.

Artikel 31.

Niemand soll seinem gesetzlichen Richter entzogen werden.

So geschehen in Unserer Residenzstadt Darmstadt den 17ten December 1820.

(L. S.)　　　　　LUDEWIG.

Polizeiliches Reglement
für den Ort Echzell.

Art. 1.

Im Frühjahre jeden Jahres müssen alle Garten-Hecken und Zäune innerhalb eines von dem Bürgermeister vorher zu bestimmenden und öffentlich bekannt zu machenden Terminus hergestellt und bis zu 3 Fuß Höhe abgestumpft werden bey 30 kr. Strafe.

Art. 12.

Wer in Gärten überhaupt, oder auf dem Felde und Wiesen, worauf brennbares Getreide oder Futter vorhanden ist, ein Feuer anzündet, wird mit 1 fl. bestraft.

Art. 13.

Wer einen Gartenzaun ruinirt, wird mit 30 kr. bestraft und der Zaun auf Kosten des Zerstörers wieder hergestellt.

Art. 14.

Die Verunreinigung der Wege und Ortsstraßen mittelst Koth zieht eine 24 stündige Gefängnißstrafe nach sich. Eine gleiche Strafe trifft denjenigen, der kleine todte Thiere auf oder neben die Ortsstraßen und Wege hinwirft.

Art. 15.

Wer sein Vieh vor dem Austreiben oder nach dem Eintreiben der Hirten herumlaufen läßt, verfällt für jedes Stück in 10 kr. Strafe.

Art. 16.

Wer einen Brunnen oder das durch den Ort fließende Wasser verunreinigt, wird mit 24 stündigem Gefängniß belegt.

Art. 17.

Wer Fahrzeuge, Pflüge ꝛc. in die Straßen stellt, oder Holz, Steine, Lehm, Koth u. dgl. in die Straßen legt, so, daß die Passage gehindert wird, zahlt 30 kr. Strafe.

Art. 18.

Die Ortsstraßen müssen jeden Samstag — und bey schmutzigem Wetter auch jeden Mittwochen bey 30 kr. Strafe gereinigt werden.

Art. 20.

Wer durch den Ort zu schnell reitet oder fährt zahlt 1 fl. Strafe.

Art. 21.

Wer in dem Ort unnöthigerweise lärmt, oder mit der Peitsche knallt, verfällt in 30 kr. Strafe.

Vorstehende Bestimmungen treten vom Tage der Publikation an, welche durch die Schelle vollzogen werden muß, in Wirksamkeit.

Echzell den 3ten October 1834.

Der Bürgermeister

Groth.

Polizeiliches Reglement für den Ort Echzell von 1834 - gekürzt
aus: 1200 Jahre Echzell 782 - 1982, Ahnert-Verlag, Echzell 1982

Aus der Geschichte
der Echzeller Schule

von Hauptlehrer a. D. Otto Koch

Nach einem Typoskript aus dem Archiv des Heimat- und Geschichts-vereins Echzell. Das Typoskript ist nicht datiert, jedoch liegen dem Klemmhefter, der die 33 Schreibmaschinenseiten enthält, noch etliche Etiketten bei mit der Aufschrift „Geschenk von Hauptlehrer a.D. Otto Koch zum 24. August 1957" – das war der Tag der Einweihung der neuen Wetterauschule, der heutigen Kurt-Moosdorf-Schule.

Der Autor hat den Text also offensichtlich für diesen Anlass verfasst. Eine Kurzfassung ist auch in der kleinen Festschrift zur Einweihung der Wetterauschule enthalten.

I. Die Schule für Knaben bis zum Jahre 1840

Bereits vor der Reformation war in Echzell schon eine Schule, eine „gemeine teutsche Alphapet- und schreibschull", vorhanden. Sie war eine Einrichtung der Kirche und die Pfarrer waren angehalten, den Kindern (gemeint waren nur die Knaben) aus dem Volk" für Unterricht in Religion, Lesen und Schreiben Sorge zu tragen: „lehren die Kinder gesingen und underrichten sie in Gottes Wort und dem heiligen Categismo" oder wie es an anderer Stelle heißt: „ihr Gebeth, schreiben und lessen". Diese Schule war der Anfang unserer heutigen Volksschule und wurde von dem damaligen Glöckner, der auch Opfermann genannt wurde, gehalten.

Aus einem Schreiben des Bürgermeisters und Rats von Echzell im Jahre 1530 an den Superintendenten Adam Kraft in Marburg, der nach Einführung der Reformation einen Literaten, d.h. einen studierten Schulmeister, nach Echzell beordern wollte, geht hervor, dass die Vertreter der Gemeinde die Annahme eines solchen für nicht nötig hielten und wiesen auf einen Vertrag hin, den sie im Jahre 1529 mit dem das „Glocken. und Schulmeisteramt" schon über 20 Jahre lang versehenden „alten frommen Glöckner auf 30", d.h. auf das Jahr 1530 schon abgeschlossen hatten und baten, dass ihnen die Durchführung dieses Vertrags gestattet werde. Sollte jedoch der Vertrag, in dem der Glöckner und Schulmeister wieder für ein Jahr „gedingt" worden war, nicht genehmigt werden, so schlugen sie vor, ihnen nicht „einen von auswärts" zu schicken, sondern „ein zum Schuldienst geeignetes Echzeller Kind" oder auch einen von den noch in Echzell lebenden „vormaligen" Altaristen anzunehmen. Mit dieser Bitte drangen sie jedoch nicht durch und der Vertrag mit dem Glöckner wurde aufgehoben. In diese Glöcknerschule ging bestimmt nur ein sehr kleiner Teil der Echzeller Buben. Ein allgemeiner Schulzwang bestand ja noch nicht und an den vielen Kreuzchen als Unterschrift bei amtlichen Beurkundungen aus jener Zeit sehen wir nur zu deutlich, dass ein Verlangen selbst nach geringster Schulbildung damals kaum vorhanden war.

So kam denn im Jahre 1530 als erster gelehrter Schulmeister ein Herr Weigand nach Echzell. Auch seine Schule war eine rein kirchliche Gründung, eine sogenannte lutherische Pfarr- und zugleich Freischule und nur für Knaben bestimmt. In dieser empfing auch die Jugend der Filialorte Gettenau und Bisses ihren Unterricht. Beide Orte erhielten erst im Laufe des 17. Jahrhunderts eigene Schulen, Gettenau 1684 und Bisses wahrscheinlich schon kurz vor dem dreißigjährigen Kriege.

Die Reformation war in Echzell „am Tage Luciae" (13.12.1527[1]) durch den ersten lutherischen Pfarrer Kaspar Haun aus Fulda, der an diesem Tage „mit fürstlichen Schriften gehn Echzell uff die Pastorey beruffen und eyngesatzt" worden war, eingeführt worden. Inhaber der Pfarrei war zu dieser Zeit ein Nichtgeistlicher, ein Freiherr Schenk zu Schweinsberg, und damit auch Nutznießer der reichen Zehnteinkünfte dieser Stelle. Einen kleinen Teil davon verwandte Schenk zur Besoldung des letzten Echzeller katholischen Geistlichen, Hartmann Gerst, während er selbst gar nicht in Echzell wohnte. Vor seinem Tode vermachte Schenk einen Teil dessen, was er genossen hatte, nämlich jährlich 104 fl.(Gulden), der Abtei Fulda. Dadurch entstand ein Rechtsstreit zwischen Hessen und Fulda, in dem Haun nach langem hin und her diese Pfründenteile zugesprochen wurden mit dem Auftrag, „fortan aus eigenen Mitteln nicht nur den Pfarrhof zu erbauen, sondern auch einen Kaplan sowie einen Schulmeister zu unterhalten". Für die Besoldung des Kaplans wurde die Abgabe von 45 fl., für die des Schulmeisters eine solche von 30 fl. festgesetzt. Haun errichtete nun eine Schule, in der der gelehrte Schulmeister begabte Schüler auch in Latein zu unterrichten hatte, um damit dem Wunsche des Landgrafen Philipp Genüge zu tun, dass in Zukunft die Geistlichen sowie die herrschaftlichen Beamten nicht nur aus den höheren, sondern aus allen Ständen des Volkes kommen sollten.

Drei Altäre in der Echzeller Kirche aus vorreformatorischer Zeit, der Kreuzaltar, der Altar der Jungfrau Maria und der des heiligen Nikolaus, brachten erhebliche Mittel durch Zehnte und sonstige Gefälle ein. Haun bestimmte mit Zustimmung des Superintendenten Kraft, dass aus den Einkünften des Kreuz- und Nikolausaltars jährlich vier junge Leute aus Echzell nach Wahl auf das Pädagogium (Gymnasium) und die Universität Marburg

---

[1] Koch schreibt irrtümlich 27.12.1527

als Stipendiaten (Empfänger einer Beihilfe zum Studium) geschickt wurden, um Pfarrer zu werden. So erklärt sich, dass dann in der Folgezeit eine stattliche Anzahl Echzeller Schüler zum Studium nach Marburg gingen, um zunächst Schulmeister und dann später Pfarrer zu werden. Echzell gehörte nach dem Tode Philipps des Großmütigen von 1567 bis 1604 zur Landgrafschaft Hessen-Marburg und von da an bis 1648 zu Hessen-Darmstadt. 1649 fiel Marburg wieder an Hessen-Kassel zurück. Die Universität wurde deshalb 1650 nach Gießen zurückverlegt und mit ihr auch das Pädagogium academicum.

Es war bestimmt der Wunsch Krafts und auch Hauns, dass sich die Schule in Echzell mit der Zeit für die Umgebung, die alte Fulder Mark, zu einer reinen Lateinschule entwickle. Leider traf dies aber zunächst nicht ein. Zwar wurde im Jahre 1590 eine zweite Schulstelle geschaffen, aber die Zahl der sogenannten lateinischen Schüler, die nun von den beiden studierten Lehrern ihren gesonderten Unterricht erhielten, war in den ersten hundert Jahren ihres Bestehens stets gering. Als im Jahre 1628 eine Generalkirchenvisitation stattfand, wurde festgestellt, dass in der Schule „über sechs nit seien, die Latein lesen lernten". Weiterer Unterricht wurde erteilt in Religion „den Catechismus und die Gottesfurcht inculciren", in Lesen nach dem ABC-Büchlein „buchstabiren, sylabiren, lesen", im Schreiben „vor-, nach-, ab- und niederschreiben (nach Diktat)", im Singen „dass in Kirchen und Schulen die christlichen Gesänge gebührlich verrichtet werden". Gerechnet wurde nur ganz selten. Vom Schulbesuch heißt es in dem Visitationsbericht „wenig genug, weil die Eltern ihre Kinder zur Arbeit, besonders zum Viehhüten brauchten". Gemeint ist hier wohl die sogenannte Sommerschule – meist nur zwei Stunden täglich – in die viele ihre Kinder überhaupt nicht schickten. Die Lateinschüler machten natürlich eine Ausnahme. Von den Lehrern sagt der Bericht: „Der Oberschulmeister, Magister Lauckhardus seye alt und verdrossen, die Disciplin seye gut. Der Unterschulmeister habe neben seinem Amt auch noch den

Glöcknerdienst zu versehen. Sonstige Nebenämter betrieben die Schulmeister nicht, wohl aber versähen sie etwas Landwirtschaft".

Zwei weitere Nachrichten über den Zustand der Schule bis zum Ende des dreißigjährigen Krieges sind noch bezeichnend. In einem Schreiben an den Superintendenten Johannes Winkelmann in der Zeit um 1620 bat der damalige Echzeller Pfarrer und spätere Marburger Superintendent Georg Herdenius, an der Schule eine dritte Schulstelle zu errichten, deren Inhaber zugleich Organist an einer aufzustellenden Orgel sein sollte. Doch Winkelmann riet von diesem Plan ab, „weil er der Überzeugung war, dass die Echzeller Schule eines dritten Schulmeisters nicht bedürfe, da sie sich ja tatsächlich nur ganz wenig von einer der gewöhnlichen Dorfschulen unterscheide". So kam der Plan nicht zur Ausführung. 1637 wurde vom Landgrafen Georg II., dem Gelehrten, zum Zwecke einer Reform der oberhessischen Lateinschulen am 4. Oktober eine besondere Ordnung, die Landschulordnung, erlassen. Die Echzeller Schule aber wurde, „weil zu unbedeutend", in die geplante Schulreform nicht einbezogen. Man hatte also um diese Zeit bei der damaligen obersten Behörde scheinbar keine allzu hohe Meinung von der Echzeller Lateinschule. Ihre Glanzzeit stand noch bevor und sollte bald beginnen.

Als wenige Monate vor der Beendigung des dreißigjährigen Krieges aus der alten Fuldischen Mark eine besondere Landgrafschaft Hessen-Bingenheim entstanden war, sah es deren Landgraf Wilhelm Christoph als eine besondere Aufgabe an, die alte Echzeller Schule zu einer lateinischen Landesschule für sein Gebiet umzugestalten, die die Schüler „ad lectiones academicas (zur akademischen Lehrweise) tüchtig zu machen im Stande sei". Er führte seinen Plan schon im Jahre 1649 mit aller Strenge, auch gegen den heftigen Widerstand der damaligen Echzeller Ortsvertreter durch. Sofort erhielt die Schule drei Lehrer, die die Titel Rektor, Konrektor und Präzeptor bekamen, von denen die beiden ersteren den Unterricht in den fremden Sprachen erteilten, während der letztere Lehrer der „teutschen Schule" war. Der Rektor erhielt nach Anweisung der Bingenheimer Regierung aus den einzelnen Kirchenkasten der zur neuen Landgrafschaft gehörenden Orte und später aus denen des Amtes Bingenheim eine an sich zunächst noch sehr geringe Besoldung, die allem Anschein nach durch Schulgeld, welches die am höheren Unterricht teilnehmenden Schüler zu entrichten hatten, vervollständigt wurde. Für die fehlende Dienstwohnung erhielt er jährlich 5 Gulden. Konrektor und Präzeptor bezogen die Besoldungsteile des vorherigen Ober- und Unterschulmeisters und erteilten den Unterricht in ihren Dienstwohnungen.

Von allem Anfang an wurden die Lehrziele dieser Schule so hoch gestellt, dass die Schüler nach Entlassung aus der Schule in die Prima des akademischen Pädagogs in Gießen eintreten konnten. Wie groß die Sorge des Landgrafen und seiner Räte war, nur die besten Lehrer an diese Schule zu bekommen, zeigte sich schon in den 60er Jahren. Abgehende Schüler konnten bereits ohne den vorherigem Besuch des Pädagogs direkt zu akademischen Bürgern der Landesuniversität aufgenommen werden. In einer Schulchronik vom Jahre 1846 schreibt dazu Pfarrer Christian August Hoffmann (1837 bis 1855 in Echzell): „Als im Jahr 1648 die fuldische Mark oder das nachmalige Amt Bingenheim durch Vermählung der Tochter des Landgrafen Georg II. von Hessen-Darmstadt mit dem Sohne des Landgrafen Friedrich von Hessen-Homburg, Wilhelm Christoph, diesem überwiesen wurde und derselbe in dem Schlosse zu Bingenheim unter dem Titel eines Landgrafen zu Hessen-Bingenheim seine Residenz nahm, so wurde, veranlasst durch seine Hofhaltung und Kanzlei, im Jahre 1649 eine Rektoratsschule errichtet, welche um so mehr an ihrem Orte war, als damals in Echzell, Bingenheim p.p. mehrere adlige Familien ihren Wohnsitz hatten. Auch diese Schule war nur für Knaben bestimmt und diente hauptsächlich zum Unterricht in den alten Sprachen und zur weiteren Befähigung für solche, welche eine höhere Bildung gewinnen wollten und gewöhnlich nach ihrer Schulentlassung teils die Landesgymnasien, teils unmittelbar die Universität bezogen. Die vorhandenen Nachrichten versichern, dass recht tüchtige Männer aus dieser Schule hervorgegangen seien".

Schon bald nach der Umgestaltung der Schule konnte der hessische Chronist Johann Justus Winkelmann in seiner Beschreibung der Fürstentümer Hessen und Hersfeld von ihr sagen: „Dieser Flecken ist auch in keinem geringen Ruf wegen der wohlbestellten Schul mit drei Schul-Lehrern, deren erster den Rectoratstitel führet". Eines weiteren ununterbrochenen Aufschwungs erfreute sich die Schule auch trotz der in dem kleinen Territorium tobenden Hexenprozesse, in die sogar einer der Lehrer durch seine Frau verwickelt wurde und die Schule deshalb verlassen musste, sowie während eines großen Sterbens, das 1666 die Wetterau heimsuchte. Recht neidisch sah man von Darmstadt aus dieser stetigem Aufwärtsentwicklung der Schule zu und Landgraf Georg II. schrieb einmal recht ärgerlich an die philosophische Fakultät in Gießen, „er müsse hören, als wann das Dorf Echzell den Stadtschulen in ganz Hessen überlegen seie mit guten Praeceptoribus undt anderen Anstalten".

Dieser gute Ruf der Echzeller Schule blieb auch noch nach dem Tode Wilhelm Christophs 1681 bestehen und die Schule wurde in ihren Leistungen der Friedberger Lateinschule gleichgesetzt. Wir erfahren dies aus der Einleitung zu einer Echzeller Schulordnung vom Jahr 1705, in der der damalige Rektor August Hennig die Rektoratszeit seines Schwiegervaters Johannes Wilhelmi, der 1655 bis 1692 an der Schule wirkte, folgendermaßen beurteilte: „Damit ich aber zu meinem Zweck komme, so zweifle ich nicht, dass der vormahlige Zustand hiesiger Schule an unsern und benachbarten Orten sattsam bekannt und annoch in frischem Gedächtnüß bißhero werde verblieben seyn, wie nehmlich nicht allein die Praeceptores mit einer feinen Besoldung versehen, sondern auch von der in der Nähe sich damals befindenden hochfürstlichen Herrschaft zu Bingenheimb selbsten alle Sorgfalt zur Beförderung des Werkes angewendet worden, welche unter andern rühmlichen Anstalten auch allezeit einige deputirt, so dem Examini beywohnen, auch selbst nebst anderen die Schüler Examiniret, und hiermit beydes, die Schüler und Praeceptores, ihren Fleiß zu thun, ermuntern müssen. Und weil man auch gute Vorsorge gethan, dass sowohl Vermögende als Unvermögende mit geringen Kosten ihre Subsistentz (Lebensunterhalt) gefunden: so hat sich unter meinem seeligen Schwiegervatter, dem damahligen Rectore Wilhelmi, die Frequenz (Besucherzahl) der Schüler sogar auch aus den nechsten großen Stätten täglich vermehret, dass diese Schule eine von den besten in unserm Bezirk worden ist, aus welcher zimlich viele, auch theils noch am Leben seyende, anjetzo ansehnliche Leute auf die Acatemien mit gutem Succeß (Erfolg) geschickt worden". Dazu seien zwei Aufzeichnungen damaliger Schüler angeführt. In seiner selbst niedergeschriebenen Lebensbeschreibung berichtet der Pfarrer Johannes Georg Beltzer von Neunkirchen bei Ottweiler (Saar): „Ich bin 1650, wo ich etwas zu Jahren kommen, in die damals berühmte Schule zu Echzell verschickt worden und allda bis in fünfte Jahr verharrt, da ich nicht allein im Lateinischen, sondern auch Griechischen und Hebräischen von meinen Herrn praeceptoribus, als Herrn Andrea Crecelio, Rector, Herrn Johann Bindewald, Conrectore und Herrn Johann Albino, praeceptore, aufs fleißigste informirt worden. Nachdem ich nun gemelde Zeit zu Echzell zubracht, haben mich meine lieben Eltern 1655 nach Ostern nacher Gießen auf die hohe Schul verschickt, allwo ich noch drei Jahre pädagogium frequentirt". In der dem Lißberger Kirchenbuch eingehefteten Lebensbeschreibung des Pfarrers Köhler lesen wir: „Zuerst hab ich die Stadtschul in Nidda bis ad prima sedem besucht, dann aber auf die damals berühmte Trivialschule in Echzell übergegangen, die ich anno 1691 mit der Universität Gießen vertauscht."

Henning muss allerdings zugeben, dass zu, seiner Zeit im Echzeller Lateinschulwesen bereits ein Rückgang eingetreten war. Er schreibt weiter: „Gleichwie aber alle Dinge des menschlichen Lebens der Unbeständigkeit unterworfen und mit der Zeit sich verändern, also ist es auch dieser Schulen ergangen, dass sie durch. allerlei Zufälle von geraumer Zeit her wiederumb in Abgang kommen und aus ihrem Flor gesetzt werden." Doch waren die Lehrer, die nach Wilhelmi an der Schule wirkten, keineswegs am Rückgang schuld. Wilhelmis Nachfolger war Rektor Johann Georg Blumenrod von 1692 bis 1705. Von ihm berichtet ein Stammbuch der Familie Lauckhard: „dass er an dem Gymnasio zu Echzell mit großem Ruhm und Nutzen 18 Jahr lang als Conrector und Rector gestanden und die hebraeische und syrische Sprache informiret". Schuld an dem Rückgang trugen, wie Henning mit Recht betonte „allerlei Zufälle", unter denen neben dem Schülermangel wohl auch das immer mehr schwindende Interesse der Gemeinde an ihrer höheren Schule an erster Stelle standen. Doch könnte auch Henning selbst einen Teil Mitschuld an diesem Zustand gehabt haben, denn der damalige Pfarrer Hagenbruch schrieb 1701 in das Kirchenbuch: „H. Conrector Schmoll nach Darmstadt an das Pädagogium kommen. An. dessen Stell herkommen H. M. Augustus Henning, welcher den 8. Juni introdiciret (eingeführt). 0 weh unser Schulen! Wie wird es ihr gehen? Fünf Schulknaben einmal mit Bohnenstecken hinausgeschlagen! Wieviel Schüler werden bleiben? Ein bös omen!"

An dem geringen Schülerbestand für die alten Sprachen hat sich auch im ganzen 18. Jahrhundert nichts geändert. Die Lehrziele für die Lateinschüler blieben zwar weiter die gleichen wie vorher. Auch das sogenannte Exemtionsrecht, die Berechtigung zum unmittelbaren Universitätsbesuch, wurde weiter bis ins letzte Viertel des Jahrhunderts beibehalten, obgleich die Pädagogien in Gießen und Darmstadt häufig gegen diese Anmaßung protestierten. Trotz dieser Vorzüge, die die Schule noch aus früheren Zeiten besaß, kam die Schülerzahl nicht mehr auf die alte Höhe. Dazu kam eine starke Entwertung der Lehrerbesoldungen, worüber von deren Seite die bittersten Klagen erhoben wurden. Die einst beträchtlichen Besoldungsnaturalien waren schon früher nach einer ganz niederen Taxe in Geld umgewandelt worden. Deshalb hielt man es im Jahre 1769 für angebracht, die Stelle des Konrektors aufzuheben, so dass von da an nur noch zwei Lehrer an der Schule wirkten, Dadurch konnte endlich die immer noch spärliche Besoldung des Rektors insofern aufgebessert werden, als das bisherige Einkommen des Konrektors auf die Einkommen der Rektor- und Präzeptorstelle aufgeteilt wurden.

Mit der Aufhebung dieser Stelle war aber zugleich eine völlige Umwandlung des Echzeller Knabenschulwesens bedingt. Vom jetzt ab gab es drei voneinander völlig unabhängige Schulen: die lateinische Schule mit dem Rektor und die deutsche Schule mit dem Präzeptor sowie die 1669 zum ersten Male erwähnte Mädchenschule, von der noch besonders die Rede sein wird. In der Hoffmannschen Chronik heißt es dazu: „Nunmehr waren diese die einzigen Unterrichtsanstalten für Knaben, wovon nur das Präzeptorat eine Gemeindschule war. Es wäre wohl mehr im Interesse der Gemeinde gewesen, wenn das Rektorat eingezogen und die Konrektorratsschule beibehalten worden wäre, denn ersteres hatte im Laufe der Zeit allmählich seinen Hauptzweck verloren, während das Bedürfnis der Gemeinde mit der zunehmenden Bevölkerung immer dringender geworden war. Die Notwendigkeit einer zweiten Trivialschule (allgemeinen Volksschule) wurde schon damals erkannt und deren Errichtung beantragt; dieser Antrag aber wegen mangelnder Fonds durch Consistorialbeschluss vom 3.7.1781 abgelehnt."

Ebenso erging es einem Prämemoria (Eingabe, Denkschrift) des Kirchen- und Schulrats zu Gießen vom 23.8.1804 an das Ministerium, in dem dieser die Aufhebung der lateinischen Schule in Echzell zu erreichen suchte. Darin schildert er das Echzeller Schulwesen: „Echzell, ein Dorf im Amt Bingenheim, hat neben zwey teutschen Schulen, wovon die eine für Knaben, die andere für Mädchen bestimmt ist, eine besondere Trivialschule. Jede dieser drey Schulen hat ihren eigenen Lehrer. Diese Trivialschule hat sich unter allen von ihrer ursprünglichen Bestimmung noch am wenigsten entfernt; von den oberen Schülern werden noch die Schriften eines Virgils, Ovids, Sallusts gelesen, dabei wird auch im Griechischen und Hebräischen Unterricht erteilt. Allein, da diese Schule sich in einem Dorfe befindet, überdies auch nur mit einem, dabey gering besoldeten Lehrer besetzt ist; so ergibt sich schon hieraus, dass diese Schule dem Zweck eines für künftige Studierende bestimmten Instituts keineswegs entsprechen könne. Die Zahl der in derselben befindlichen Schüler beläuft sich gegenwärtig auf eilfe (elf), welche, wegen der Verschiedenheit des Alters und der Kenntnisse, in mehrere Abteilungen verteilt sind. Da die Anzahl der Schüler in der teutschen Knabenschule 115 beträgt, da selbst die jetzt stattfindenden 6 Stunden täglichen Unterrichts kaum hinreichen, um denselben die nothwendigsten Kenntnisse beyzubringen, so ist es allerdings wünschenswerth, dass durch eine veränderte Einrichtung jener lateinischen Schule der teutschen aufgeholfen werde. Indessen stehen hier noch einige Schwierigkeiten im Wege. Die lateinische Schule ist eine Freischule, in der teutschen wird dagegen Holzgeld bezahlt. Sollte daher dem Rektor nach vorausgegangener Beschränkung der den alten Sprachen gewidmeten Stunden auferlegt werden, einen Theil des Unterrichts in der teutschen Schule zu besorgen und etwa die Erwachsenen zu übernehmen: so würde dadurch das von dem Praeceptor oder Lehrer an der teutschen Schule zu beziehende Holzgeld vermindert werden, indessen er doch noch immer dieselbe Stube zu heitzen haben würde. Außerdem ist die lateinische Schule von Herrn Landgrafen Philipp dem Großmütigen, als ihrem Stifter, zu einer Freyschul für die ganze Fuldische Mark oder das jetzige Amt Bingenheim bestimmt worden, und der Inspektor (gemeint ist Gottlieb Christian Bähr, von 1798 bis 1814 Pfarrer in Echzell und Inspektor für das Amt Bingenheim) äußert daher in einem Berichte, dass wegen der zwischen den einzelnen dortigen stattfindenden Eifersucht Widerspruch zu erwarten seyn würde, wenn mit der lateinischen Schule eine blos der Echzeller teutschen Schule zum Vortheil gereichende Veränderung vorgenommen werden sollte. Indem aber diese lateinische Schule in ihrem gegenwärtigen Zustande der Absicht ihres erhabenen Stifters umso gewisser nicht mehr entspricht, als eine solche Schule dem blos aus dem Flecken Bingenheim und mehreren Dörfern bestehenden Amte keinen Vortheil gewährt, indem ferner die Schule in Ansehung der oberen Klasse die Bestimmung einer Freischule für das ganze Amt behalten, und dabei wenn statt des Lateinischen, Griechischen und Hebräischen andere, den Landmann brauchbare, Kenntnisse in derselben gelehrt werden, der Gegend weit nützlicher werden kann; indem endlich bereits im Jahr 1769 die eine Lehrerstelle an dieser Lateinischen Schule eingezogen, und ein Theil des damit verbundenen Gehalts der Besoldung des Präzeptors an der teutschen Knabenschule wirklich zugelegt worden, so möchte die letztere der stattfindenden Schwierigkeiten hierdurch beseytigt seyn. Die erstere dagegen möchte am schicklichsten dadurch vermieden werden können, dass die lateinische Schule ganz aufgehoben, die Stelle eines Rectors eingezogen, dagegen ein Illiteratus (nicht studierter Lehrer) als unterer Knabenlehrer angestellt und die Arbeit des Praeceptoris litterati auf die erwachsenen Knaben beschränkt werde. Indem nämlich nach dem Anschlage des Inspektors die mit dem Rectorate verbundene Besoldung 259fl., 6xr. beträgt, dabei aber der Rector keine freye Wohnung hat: so möchte es schwer seyn, jedesmahl einen tüchtigen Litteratum für diese Stelle zu finden; dagegen würde diese Summe nicht blos hinreichen, um so wohl einem unteren Knabenlehrer eine angemessene Besoldung, sowie dem Praeceptor wegen der verminderten Einnahme an Holzgeld eine mitsprechende Zulage auszuwerfen, sondern es würde auch wohl noch einiges erübrigt und zu einer anderen Verbesserung angewendet werden können."

Das Ministerium lehnte auch diesmal ab und entschied, dass „in dem Dorf Echzell der bißherige Unterricht in den todten Sprachen beizubehalten sey, nur dörfte wegen der daselbst noch mangelnden Lehrgegenstände (gemeint sind die Realfächer) das nöthige verfügt, und zu dem Ende eine zweckmäßigere Stundenverteilung festgesetzt, und allenfalls den deutschen Schülern der Zutritt zu der lateinischen Schule in denjenigen Stunden verstattet werden, in welchen die Nebengegenstände, eben die Realien, gelehrt werden". Maßgebend für diese Entscheidung war der oben erwähnte Bericht des Inspektors Bähr. Darin stand: „Die lateinische Schule, welche nach der Reformation von Philippo Magnanimo VOR denen Gütern und Gefällen derer Altäre St. Crucis und Nicolai gestiftet worden, ist noch immer vor das hiesige Kirchspiel und nächstgelegene Orte eine wahre Wohltat, wenn sie gleich durch Einziehung des Correctorats, wovon die Besoldung unter dem Rector und dem Knaben-Praeceptor vertheilt worden, viel von ihrer Zweckmäßigkeit verloren hat. Wenn auch jetzt nicht mehr, wie bey dem letzt verstorbenen geschikten Rector Fäuerbach geschah, die Zöglinge aus dieser Schule unmittelbar die Universität mit Ehren beziehen können, so ist es doch vor Eltern eine große Erleichterung, wenn ihre Kinder so viel Schulkenntnisse sammeln können, als erforderlich sind, um sie mit Nutzen auf ein Gymnasium zu bringen oder ein Metier (Geschäft, Handwerk) erlernen zu lassen".

So blieb die Lateinschule nach dem ministeriellen Entscheid noch über 40 Jahre bestehen. Für das Schulwesen in Echzell war dieses lange Weiterbestehen nicht gerade von Nutzen. Als durch Napoleons Gnaden aus der alten Landgrafschaft im Jahre 1806 das Großherzogtum Hessen entstanden war und der erste hessische Großherzog Ludwig I. (1806 bis 1830) durch das Staatsgrundgesetz vom 17. Dezember 1820 einen konstitutionellen Staat geschaffen hatte, begann für die Schulen seines Landes ein sichtbarer Aufschwung. Von nun an gehörten alle Gegenstände der Volksbildung zum Geschäftsbereich des Ministeriums des

Inneren als Landesdirektivbehörde. Der bisher unbestrittenen Herrenstellung der Kirche in den Schulen drohte nun ein starker Nebenbuhler in der staatlichen Gewalt. Die früheren Verordnungen an die Geistlichen, für die Schulen zu sorgen, hörten nun ganz auf. Dafür bildeten sich die Anfänge einer weltlichen Zentralverwaltung für das große Gebiet des hessischen Volksschulwesens, in der die Kirche zwar noch sehr stark vertreten, aber nicht mehr die alleinige Herrin und Gebieterin war. Schon als Landgraf (1790 bis 1806) hatte der Großherzog der Verbesserung des Schulwesens in seinem Lande durch eine Reihe von Erlassen und Verfügungen die größte Aufmerksamkeit geschenkt, die am Ende seiner Regierungszeit ihre Krönung in der „Allgemeinen Schulordnung für das Großherzogtum Hessen vom 22. Oktober 1827" fanden. In ihr wurde zum ersten Mal der Besuch der Schule vom zurückgelegten 6. Jahr bis zur Konfirmation den Eltern und Vormündern gesetzlich zur Pflicht gemacht. Fünf Jahre später wurde diese Allgemeine Schulordnung von Großherzog Ludwig II. (1830 bis 1848) aufgehoben und am 6.6.1832 durch das „Edikt, das Volksschulwesen in dem Großherzogtum Hessen betreffend" ersetzt. Nach diesem endete die Verpflichtung zum Schulbesuch mit dem zurückgelegten 14. Jahre.

Zwar blieb die Lateinschule, wie schon erwähnt, noch bestehen, aber dem vorletzten Rektor Reiber wurde etwa um 1830, da er nie mehr als 8 bis 10 Schüler hatte, zugleich der Unterricht der Schulknaben der beiden letzten Jahrgänge aus der deutschen Schule in den Realfächern während der Nachmittagsstunden übertragen. Auch in anderer Hinsieht wurde die Aufgabe der Volksschule erweitert und neben dem ursprünglich rein religiösen Ziel der Erziehung die Vorbereitung zum bürgerlichen Leben immer mehr in den Vordergrund gestellte Auch für die schulentlassene Jugend wollte man mehr tun als bisher. So kam es zur Einführung einer Art Fortbildungsschule, die an Sonntagen oder in den Abendstunden gehalten wurde. Schon 1801 machte der damalige zweite Pfarrer in Echzell, Dr. Johann Ludwig Scherer, den Anfang mit einer Sonntagsschule. Es kamen zu ihr aus Echzell und Umgegend „fähige Schüler und junge Burschen, etwa 50 bis 60 an der Zahl und ließen sich im Schreiben, Rechnen, bürgerlichen Aufsätzen, Erklärung der Landeszeitung, Geographie, Naturgeschichte und Naturlehre unterrichten. Doch ging diese nach seinem Weggang aus Echzell 1804 wieder ein und es dauerte lange, bis man von neuem einen solchen Versuch wagte. Hier sei auch erwähnt, dass Dr. Scherer, wie auch sein Vorgänger auf der zweiten Pfarrstelle, Friedrich Heinrich Christian Schwarz, zu den bedeutendsten damaligen pädagogischen Schriftstellern gezählt wurden und sich beide durch Herausgabe von Schulbüchern und pädagogisch wissenschaftlichen Werken für Schule und Lehrerstand sehr verdient gemacht hatten,

In der Schule wurde nun auch dem Rechnen, besonders dem Kopfrechnen, sowie auch dem Rechtschreiben mehr Aufmerksamkeit geschenkt. Allen Geistlichen wurde anheimgestellt, in ihren Pfarrorten wöchentlich zwei Stunden Gesinnungsunterricht und in den Filialen wenigstens monatlich einmal zu erteilen, dem die Lehrer beiwohnen sollten. Neben die Einführung besserer und zeitgemäßen Schulbüchern trat die Errichtung von Lehrer- und Schillerbüchereien an allen Orten. 1815 erschien ein Ministerialreskript über die Erziehung und Unterrichtung der Kinder der Landjuden. Darin wurden sie verpflichtet, da wo keine jüdischen Privatschulen bestanden, die öffentlichen Volksschulen zu besuchen. Echzell hatte von Jahre 1836 an eine jüdische Privatschule, die unter der Aufsicht des Ortsschulvorstandes stand. Diese wurde 1856 von 34 Schülern besucht, von denen allerdings nur 13 aus Echzell waren. Die übrigen kamen aus Gettenau, Bisses, Geiß-Nidda und Wölfersheim. In diesem Jahre beantragte die israelitische Religionsgemeinde bei der Regierung die Errichtung einer besonderen jüdischen Volksschule in Echzell. Da aber nach dem Schuledikt von 1832 mindestens 30 Schüler hätten aus Echzell sein müssen, wurde der Antrag abgelehnt. Diese Privatschule bestand noch 1891.

Nach Gründung der Lehrerbildungsseminare in Friedberg und Bensheim (1817 und 1821) war man auch bestrebt, die soziale Stellung des Lehrerstandes zu heben. Eine statistische Zusammenstellung der Lehrereinkommen im Jahre 1836 berichtet: „Die erste Stelle in Echzell, mit welcher der Charakter eines Rektors verbunden ist, trägt 330 fl. und hat der Lehrer nach vorliegender Notiz dermalen nur neun Knaben zu unterrichten, die er zum Besuche einer höheren Anstalt vorzubereiten scheint. Die zweite Schule aber besuchen 121 Knaben. Der Lehrer, zugleich Organist, bezieht 400 fl. Gehalt. Mit der dritten hiesigen Schulstelle sind die Funktionen eines Glöckners und Kirchendieners verbunden. Die Besoldung des Lehrers, welcher 142 Mädchen unterrichtet, berechnet sich auf 334 fl. 8 kr.

Schon seit der Errichtung der Schule war der Lehrer auch verpflichtet, bei allen gottesdienstlichen Handlungen den niederen Kirchendienst nach Anweisung des Pfarrers zu versehen und als Vorsänger und Kantor „das herkömmliche Gesänge zu führen". Als die Schule 1590 geteilt wurde, wurde angeordnet, dass die Lehrer das Kantoramt gemeinsam versahen und dem Unterschulmeister wurde außerdem noch der Glöcknerdienst übertragen. Seit Errichtung der dritten Schulstelle 1649 versah dieses Amt der Präzeptor. Doch schon 1655 wurde es von dem Schulamt losgelöst und zu einem selbständigen Amt gemacht. Erster Glöckner wurde der in diesem Jahre emeritierte (pensionierte) Präzeptor Kaspar Albinus, um ihm auch weiter ein kleines Einkommen zu sichern. 1786 wurde das Amt jedoch wieder aus „finanziellen Gründen" mit der Mädchenschulstelle vereinigt. Bei ihr blieb es, bis nach jahrelangen vorausgegangenen Verhandlungen am 23.4.1849 dem Ortsbürger Georg Gottwalz durch Dekret und Abschrift der Besoldungsnote dieses Amt übertragen wurde. 1650 erhielt die Kirche die erste Orgel und der Organistendienst wurde mit dem Präzeptorat verbunden, bei dem er bis 1846 verblieb. Nach 1875 spielten meist die beiden Lehrer der ersten und zweiten Schulstelle die Orgel. Erster Organist war wohl der

Präzeptor Johann Heinrich Pistorius. Die letzten Lehrerorganisten waren Lehrer Freymann und der hier im Ruhestand lebende Oberreallehrer Kreutzer.

Wie die vorstehende Statistik zeigt, wäre in der Zeit nach 1800 an den Echzeller Schulverhältnissen noch manches zu verbessern gewesen. Während die Rektoratsschule niemals mehr ein volles Dutzend Schüler hatte, waren die Knaben- und Mädchenschule ständig doppelt und dreifach überfüllt. Trotz geradezu flehendlicher Bitten von Seiten des Schulvorstandes lehnte jedoch die Gemeindevertretung jedes Ansinnen zur Errichtung einer weiteren deutschen Schule ab. Über den Zustand der Echzeller Schulen um die Wende des 19. Jahrhunderts unterrichtet uns Johannes Groth in seiner im Jahr 1846 verfassten Lebensbeschreibung. Geboren am 21.4.1774, gestorben am 29.7.1852, war er von 1816 ab Gerichtsschöffe auf Lebenszeit, 1820 Abgeordneter im ersten hessischen Landtag, von 1821 bis 1836 Bürgermeister von Echzell und Bisses und ab 1836 Polizeikommissar für Echzell. Über seine Schulzeit schrieb er: „Meine Eltern schickten mich in die Ortsschule, wo ich lesen und schreiben lernte, freilich sehr unvollkommen, wie die Schulen damals waren. In meinem Mannesalter habe ich das noch lernen und nachholen müssen, was die Kinder jetzt in der Schule lernen." Nach seiner Meinung war also doch inzwischen vieles besser geworden.

II. Die Schule für Mädchen bis zum Jahre 1840

Obwohl auf der Homberger Synode im Jahre 1526 in der neuen Kirchenordnung , in der auch die erste landgräfliche Schulordnung enthalten war, im 31. Kapitel die Errichtung von Mädchenschulen gefordert wurde, haben wir für unser Dorf sichere Nachrichten von einer solchen erst aus der zweiten Hälfte des 17. Jahrhunderts. Es ist aber mit großer Wahrscheinlichkeit anzunehmen, dass auch eine Schule für Mädchen schon früher vorhanden war. Kapitel 31 forderte: „Außerdem sollen in Städten und Märkten, wenn möglich auch in Dörfern, Mädchenschulen sein, denen gebildete, zuverlässige und fromme Frauen vorstehen; sie sollen jene lehren: die Grundwahrheiten des Glaubens, auch lesen, spinnen, nähen, geschäftig und fleißig sein, damit sie einst gute Hausmütter sein können. Die Pfarrer aber und Visitatoren sollen darauf dringen, dass dies geschehe."

Im Jahre 1669 wurde die Ehefrau des Echzeller Gerichtsschreibers Johann Philipp Laukhard, Anna Felicitas Laukhard, zur Mädchenschulmeisterin angenommen. So wäre sie also die erste „Schulfrau" in Echzell gewesen, von der die Akten berichten und dieses Amt blieb von nun an 115 Jahre lang in ihrer Familie. Dass diese Schulfrauen ihr Handwerk verstanden und zur allgemeinen Zufriedenheit ausübten, zeigen zwei Beurteilungen, die sich sehr günstig über sie aussprechen. 1740 schrieb der Echzeller Pfarrer und Metropolitan Johann Georg Rüdiger, der vorher Pädagoglehrer in Gießen gewesen war und als ein ausgezeichneter Schulmann galt, im Echzeller Pfarrsalbuch: „Die Mägdlein-Schule in Echzell ist bishero noch immer von einer Weibs-Person gehalten worden, und zwar, nachdem weyland Herrn Rectoris Blumenrads nachgelassene Wittib derselben in die 27 Jahre, gleichwie auch ihre Mutter eine geraume Zeit, nach Vermögen treulich vorgestanden, und sowohl die Kinder wohl unterrichtet als auch in guter Desciplin gehalten hatte, ist auf dero unterthäniges Ansuchen von Hochfürstlichem Consistorio, laut Rescripts vom 5. Decembris 1738 ihrer Tochter Anna Christina, so nunmehro über 40 Jahre alt, die Schule umsomehr überlassen worden, weil gantz kein Salarium (Bezahlung) vor einen Mägdlein-Schulmeister vorhanden, sondern man bloßendings mit dem Creutzer, welchen jedes Kind wöchendlich bringen soll, sich begnügen lassen muss, und auch solchen bey dem großen Undank vieler Eltern manchmal nicht erlangen kann." Von Frau Blumenrod heißt es an anderer Stelle: „nachdem sie nach dem Tod ihrer Frau Mutter die Mägdleinschul seit anno 1712 gehalten und in

solcher Zeit 487 Kinder treulich informirt". Ihre Mutter unterrichtete 42 Jahre an der Schule. Am 7. Februar 1780 berichtete
der Pfarrer und Metropolitan Heinrich Daniel Müller, der vor
seiner Echzeller Zeit außerordentlicher Professor der Theologie
in Gießen gewesen war, also auch etwas vom Lehramt verstand:
„Das Schul-Amt bey allhiesiger Mägdleins-Schulen ist von langen Jahren her durch geschickte und fleißige Weiber einer Familie versehen worden. Die gegenwärtige Lehrerin, Magdalena Susanna Schmidtin, Johannes Schmidts Schneider-Meisters allhier,
Ehefrau, eine Tochter der verstorbenen Annen Christinen Dörin-
gin, des Schneider-Meisters und Kirchen-Seniors Dörings gewe-
senen Eheweibe, welche dieser Schule in die 26 Jahre rühmlich
vorgestanden, lässet es nach dem Beispiel ihrer Mutter an Fleiß
und Treue in Belehrung deren ihr anvertrauten Mägdlein nicht
fehlen. In ihrer Schule lernen die Kinder fertig lesen, den Cate-
chismum, Sprüche, Psalmen, wie auch erweckliche Lieder hersa-
gen. Kinder, die ihre Schule fleißig besuchen, erscheinen gemei-
niglich wohl belehrt. Da sie eine gute leserliche Hand schreibt, so
können die Mägdlein nach ihrer Vorschrift auch im Schreiben
wol profitiren."

Da für die Mädchenschule kein öffentliches Schullokal,
auch keine Dienstwohnung vorhanden waren, erteilten die Schulfrauen den Unterricht in ihren Privatwohnungen. Jedenfalls fand
dieser Unterricht seit dem Jahre 1712, in dem die Witwe des Rektors Blumenrod Mädchenschullehrerin wurde, im Haus Georg
Schmidt in der Kirchgasse statt. Dieses Haus hatte in seiner ursprünglichen Form (nur der vordere Teil) 1695 der damalige
Rektor „uf dem Herrschaftlichen Baublatz in der Kirchgasse vor
der Herrschaftlichen Zentscheuer" erbaut. Solange diese Schule
von Frauen aus dem Dorf gehalten wurde, war sie also in jeder
Beziehung eine rechte Familienschule. Nach dem an 22. Juli
1785 erfolgten Tod der Susanna Magdalena Schmidt, in Echzell
„die Schulsanne" genannt, ging die „Lauckhardsche Mädchenschule" ein. Zwar gab sich Metropolitan Müller die größte Mühe,

den Unterricht der Mädchen wieder einer Schulfrau zu übertragen. Er schlug bei der Behörde die 26jährige Tochter des deutschen Schulmeisters Georg Christian Eberhard, Juliana Katharina, vor, drang aber nicht durch. In der Landgrafschaft Hessen-Darmstadt war die Zeit der Schulfrauen vorbei. Die Ablehnung wurde vom Gießener Konsistorium damit begründet, dass der landgräfliche Hof zu Darmstadt „die Führung einer Mädchenschule durch eine Frau, wie sie ehedem in Echzell bestanden, für unschicklich erkannt habe".

Im Jahre 1786 wurde Konrad Christoph Eberhard, ein Bruder der Vorgeschlagenen, erster Mädchenschullehrer und die Schule wurde der Knabenschule angegliedert. Dadurch wurde sie aber nicht auch zu einer Freischule, sondern der nun ernannte Lehrer blieb weiter im Genusse des „früher stipulirten Schulgeldes". Um sein Einkommen zu erhöhen, wurde mit seiner Stelle wieder das Amt des niederen Kirchendienstes verbunden. Als Schullokal wurde ihm die Rektorwohnung zugewiesen, die dies bis zum Jahre 1832 blieb. Von jetzt an waren nur noch Lehrer an der Mädchenschule bis 1840 tätig. Ein noch vorhandener Lektionsplan dieser Schule verrät uns, wie sich die Lehrgegenstände gegenüber des §31 von 1526 geändert hatten. Danach hatten die Mädchen 1836 wöchentlich 3 Std. Religion, 2 Std. Biblische Geschichte, 2 Std. Deutsche Sprache (Rechtschreiben, Redeteile, Satzlehre), 2½ Std. Lesen, 3 Std. Größenlehre (Rechnen), 2 Std. Schönschreiben und ½ Std. Seelenlehre. Von der vorwiegend hauswirtschaftlichen Ausbildung durch die Schulfrauen war man also im Laufe der Zeit ganz abgekommen. Als dann 1840 die Knaben und Mädchen zu einer zweiklassigen Schule vereinigt worden waren, war, trotz mehrfacher Gesuche des letzten Mädchenschullehrers, diese wieder zu errichten, das Ende der reinen Mädchenschule gekommen.

An der Schule wirkten:

1. Anna Felicitas Lauckhard, geb.Schauer von Homburg v.d.H., verh. 1666 — 1692 mit Johann Philipp Lauckhard, Gerichtsschreiber in Echzell, dann bis 1712 mit Kaspar Kraft, Gemeinsmann in E.,von 1669 bis 1712 Mädchenschulmeisterin, gest. 19.1.1712.
2. Katharina Elisabetha Blumenrod von Echzell, Tochter des Gerichtsschreibers J. Ph. Lauckhard, verh. 1687 bis 1705 mit dem Konrektor bezw. Rektor der Lateinschule Joh. Gg. Blumenrod, von 1712 bis 1738 Mädchenlehrerin, gst. 11.1.1741.
3. Anna Christina Döring von Echzell, Tochter des Rektors Blumenrod, verh. 1739 1764 mit dem Schneidermeister Johann Konrad Döring, von 1738 bis 1764 Mädchenlehrerin, gest. 26.11.1764 als „in die 26 Jahre treufleißige Präceptorin bei der hiesigen Mägdleinschul"
4. Susanna Magdalena Schmidt von Echzell, Tochter des Schneidermeisters J. K. Döring, verh. 1767 –1785 mit dem Schneidermeister Johannes Schmidt, von 1764 bis 1785 Mädchenlehrerin, gest. 7.11.1785.
5. Konrad Christoph Eberhard von Echzell von 1786 bis 1802.
6. Johann Konrad Müller von Elpenrod, Mädchenlehrer von 1802 bis 1826, gest. 1.2.1826.
7. Christian Friedrich Bierau von Stammheim, Vikar von 1826 bis 1831, Mädchenlehrer von 1831 bis 1840.

III. Die gemeinsame Schule ab 1840

Eine wesentliche Verbesserung der örtlichen Schulverhältnisse trat im Jahre 1840 ein. Die bisherige Scheidung der Schüler nach Geschlechtern wurde aufgehoben und dafür die Trennung nach „Alter und Fähigkeit" vorgenommen. Dadurch wurden aus den beiden bisher einklassigen deutschen Schulen wenigstens eine zweiklassige Schule mit je zwei Abteilungen, die wegen ihrer Stärke nacheinander unterrichtet werden mussten. In diesem Jahre begannen aber auch Verhandlungen, die allmählich zu einer vollständigen Neuordnung des Echzeller Schulwesens führten. Die Veranlassung dazu wurde dadurch gegeben, dass Rektor Werner schwer an Epilepsie erkrankte und dadurch unfähig wurde, seinen Dienst in der, übrigens auch zu seiner Zeit sehr schlecht besuchten, lateinischen Schule weiterzuführen. Eine Pensionierung Werners erwies sich aber aus finanziellen Gründen als unmöglich. Deshalb wurde der lateinische Unterricht zunächst zwei Jahre lang ausgesetzt und dann noch einmal von 1842 bis 1844 dem Pfarramtskandidaten Gustav Eigenbrodt übertragen. 1844 nahm Werner seinen Dienst zwar wieder auf, musste ihn aber bald danach wieder aufgeben, da überhaupt keine Schüler mehr für die Erlernung der toten Sprachen vorhanden waren. Nach der Erbauung des Schulhauses in der Lindenstraße 1846 erfolgte dann auf ministeriellen Befehl die endgültige Schließung der lateinischen Klasse und damit die vollkommene Umgestaltung des gesamten Echzeller Schulwesens. Die Schule wurde jetzt dreiklassig und dem Rektor wurde die erste Schulstelle mit für die damalige Zeit etwas höheren Lehrzielen als in den allgemeinen Schulen übertragen. Allerdings war diese Neuregelung zunächst noch ein Provisorium und wurde erst endgültig in Jahre 1857, in dem vom Ministerium die „Umwandlung des Rektorats in Echzell in eine erste Schulstelle", die Rektor Werner bis zu seiner Pensionierung am 17.2.1854 noch inne gehabt hatte, verfügt wurde. Auf sein Betreiben hin wurde zwar 1850 durch den Kirchenvorstand Gettenau bei der Großh. Bezirksschulkommission in Nidda noch einmal um die Wiedereröffnung der Lateinklasse nachgesucht und zwar mit der Begründung, die Kirche Gettenau müsse eine „hohe Summe" zum Gehalt des Rektors beitragen. Auf eine Umfrage in den Orten der Umgegend wurden aber nur sieben Schüler angemeldet. Echzell selbst lehnte die Wiedereröffnung ab, da keine Ortsbürger Kinder anmeldeten, keine Dienstwohnung für den Rektor vorhanden sei, dieser jetzt die Oberklasse der Volksschule unterrichte und der Gemeinderat erklärte, dass „der gegenwärtige Zustand der Volksschule dahier, welcher auch das Rektorat in sich beziehe, vollkommen befriedigend" sei. Der Antrag Gettenau wurde von der Behörde abgelehnt, dafür aber den Gemeinden Gettenau und Bisses ausdrücklich das Recht eingeräumt, ihre Kinder „an dem höheren Volksunterricht, wie er in der ersten Schule zu Echzell erteilt wird", auf Wunsch teilnehmen zu lassen. Mit der Aufhebung der Lateinschule fielen dann auch von 1857 ab die Besoldungszuschüsse aus den Kirchenfonds von Echzell, Bisses, Gettenau, Bingenheim und Berstadt weg.

Für den „höherem Volksunterricht" kamen in der Zeit von 1854 bis 1857 zwei Kandidaten des höheren Lehramts nach Echzell, die noch amtlich als „Rektoratsvikare" bezeichnet wurden und die besondere Erwähnung verdienen. Der erste, Dr. Konrad Schneider, gilt noch heute als der Begründer der hessischen Landwirtschaftsschulen. Nachdem er von Mai 1854 ab in den Sommermonaten an Sonntag Nachmittagen „landwirtschaftliche Vorlesungen" gehalten hatte, ersuchte er im Juli bei der Kreisschulkommission des Kreises Nidda um die Genehmigung zur Errichtung einer Fortbildungsschule für Bauernsöhne aus Echzell und Umgebung. In seinem Gesuch schrieb Schneider: „In der Überzeugung, dass die Fortbildungsschulen von der Gegenwart dringend gefördert werden, habe ich mich entschlossen mit dem 1. November d.J. eine solche für Bauernsöhne aus Echzell und Umgebung ins Leben zu rufen. Ich enthalte mich jeder Erörterung über den Nutzen solcher Anstalten und erlaube mir nur hoher Kreisschulkommission gehorsamst mitzuteilen, auf welche Weise ich dieselbe einzurichten gedenke.

I.	Zeit des Unterrichts: vom 1. November bis 1. März täglich zwei Stunden.
II.	Gegenstände derselben: Rechtschreiben und schriftliche Ausarbeitungen, schriftliches und Kopfrechnen mit besonderer Benützung landwirtschaftlicher Berechnungen über Ertrag und Aufwand. Landwirtschaft: Theoretische Vorkenntnisse; wesentliche Bedingungen des Pflanzenlebens; Bodenkenntniß; Bearbeitungslehre; Düngerwirtschaft; Obstcultur; Haustiere; Landwirtschaftliche Buchführung; Landwirtschaftliche Gesetzeskenntniß.
III.	Honorar: Da der Bauersmann lieber mit Naturalien, als mit Geld zahlt, so wird es am geeignetsten sein, jeden Zögling etwa 2 Mesten Korn und 2 Simmer Kartoffeln liefern zu lassen.

Indem ich hiervon hoher Behörde ergebenst Kenntniß gebe, bitte ich zugleich gehorsamst, es möge Großh. Kreisschulkommission gefallen, mir zu diesem Unternehmen Genehmigung zu ertheilen." Weiter forderte er von der Gemeinde ein Versuchsfeld etwa von der Größe eines Morgens für Düngungsversuche, das er ohne Vergütung selbst bearbeiten und sogar den Überschuss nach Abzug der Düngerkosten und des Ackerlohns der Gemeindekasse zuwenden wollte. „Dadurch würde ich in den Stand gesetzt, nach der Ernte über jedes Beet in Zahlen zu antworten und den Zöglingen der landwirtschaftlichen Fortbildungsanstalt den Beweis zu liefern, dass ein geordneter rationeller Betrieb der Landwirtschaft förderlicher ist, als die landwirtschaftliche Verschwommenheit, wie man sie zum großen Nachteile der Production noch allerwärts findet."

Am 11. August wurde ihm „eröffnet, dass der Erteilung von Unterricht in der von ihm projektierten Fortbildungsschule, die dadurch, dass er den Besuch derselben von einem zu entrichtenden Honorare abhängig macht und auch auf junge Leute außerhalb Echzells ausdehnen will, den Charakter des Privatunterrichts erhält, nichts im Wege steht, als darunter der von ihn an der dortigen Volksschule zu erteilende Unterricht nicht leidet und der Gemeindevorstand zu diesem Zweck das Schullokal zu überlassen bereit ist." Damit aber eine Kürzung des Unterrichts in der ersten Volksschulklasse dadurch nicht stattfinde, wurde ihm die Unterrichtszeit auf zweimal wöchentlich – Mittwoch und Samstag Nachmittag – vorgeschrieben. Sein Nachfolger, Dr. Karl Henkelmann, führte die Schule bis zu seinem Weggang aus Echzell als „Privatanstalt für konfirmierte Söhne von Landwirten" weiter. Trotz seiner Bemühungen, die Anstalt als reine Landwirtschaftsschule der Gemeinde zu erhalten und weiter auszubauen, war diese damals nicht zu bewegen, die Anstalt hinreichend zu unterstützen. So wurde sie, nachdem sich Henkelmann 1857 aus dem hessischen Staatsdienst hatte beurlauben lassen, nach Friedberg in das Gebäude der heutigen Schillerschule verlegt.

Schneider richtete auch 1854 auf das Ansuchen hiesiger Handwerker zur Vorbereitung auf die Meisterprüfung eine Handwerkerschule ein, in der er Rechnen, Geometrie und Zeichnen Sonntags Vormittags von 7 bis 9 Uhr erteilte. Auch schon am 17. November 1849 wurde dem damals hier beschäftigten Geometer und Wiesenbautechniker Simon aus Odernheim in Rheinhessen auf sein Nachsuchen von der Kreisschulkommission Nidda genehmigt, im Winter Unterricht im Zeichnen, in Geometrie, in Rechnen, Schönschreiben, Fertigung von Kostenüberschlägen und schriftlichen Aufsätzen zu erteilen. Das waren die Anfänge zur späteren Gewerbeschule, die vom Gewerbeverein unterhalten wurde.

Zu Beginn des Jahres 1844 hatte der damalige Pfarrer, Kirchenrat Hoffmann, auf Wunsch „mehrerer achtbaren Familienväter zur Befähigung ihrer Jugend für das bürgerliche Leben und vieler lernbegieriger junger Pursche" einen Verein zur Fortbildung der erwachsenen männlichen Jugend in der Gemeinde ins Leben gerufen. Die beiden Geistlichen und die drei Lehrer verpflichteten sich zur „ganz unentgeldlichen" Erteilung des Unterrichts in Recht- und Schönschreiben, Aufsatzübungen, Rechnen, vaterländischer Geographie und Gesangsübungen, sowie zu Vorlesungen aus nützlichen Schriften an den Sonntagen. Nach einem noch vorhandenen Namensverzeichnis zählte der Verein 7 junge Ortsbürger und 68 Jugendliche als Mitglieder, hatte seinen eigenen Vorstand, seine Statuten und besondere Vorschriften für einen gewählten Ausschuss, dem neben anderen Pflichten rein organisatorischer Art, vor allem die Verbindung zwischen Vorstand und Vereinsmitgliedern oblag. Der Lehrplan sah eine Einteilung der Teilnehmer in drei Klassen vor, die täglich 1 bis 2 Stunden abends von 7 bis 9 Uhr unterrichtet wurden. In einem Bericht des Ortsschulvorstandes vom 30. März 1844 an die Kreisschulkommission Nidda wurde mitgeteilt, dass „dieses Unternehmen vorerst ein bloßer Versuch und daher vorläufig nur für die Dauer dieses Winters angekündigt worden sei. Die große Teilnehmerzahl und das rege Interesse berechtigten aber zur Hoffnung, die Anstalt in den Sommermonaten als Sonntagsschule zu erhalten und im künftigen Winter wieder in ihrer ganzen Ausdehnung aufleben zu lassen. Scheinbar ist es jedoch dazu nicht gekommen, da mit dem 21.11.1845 die Akten abbrechen und zu diesem Zeitpunkt die Ausgaben für Heizung und Beleuchtung aus dem Vorjahr, die die Gemeinde übernehmen sollte, noch nicht vergütet waren. Erst am 14. Januar 1867 sprach die Kreisschulkommission dem Ortsschulvorstand ihre besondere Freude über die günstige Gestaltung der wieder bestehenden Fortbildungsschule aus. Sie wurde von dem Kreisschulkommissar Hofmaier von Nidda am 1. April 1870 einer Prüfung unterzogen, die zur Zufriedenheit ausfiel. Nur musste Lehrer Rasp in seinem Rechenschaftsbericht auch hier den Wunsch aussprechen: „Wenn die Gemeinde jährlich nur 6 fl. für die Beleuchtung des Lehrlokals bewilligte".

Genug Ansätze für Weiterbildungsmöglichkeiten nach vollendeter Schulpflicht waren also vorhanden, doch konnten diese alle nicht von langer Dauer sein, weil ihnen bloß Wünsche und Anregungen von Seiten der Behörden zu Grunde lagen, aber die gesetzlichen Unterlagen dazu fehlten. Diese brachte dann das Volksschulgesetz vom 16. Juni 1874. Die Knabenfortbildungsschule wurde nun gemäß Art. 16 des Gesetzes überall verbindlich und in Echzell ihr Beginn auf den. 1. November 1875 festgesetzt. Nach dem ersten Stundenplan erteilten die drei Lehrer Hof, Bierau und Kern an drei Wochentagen abends von 7 bis 9 Uhr sechs Stunden Unterricht. Schon nach zwei Jahren mussten die Schüler in zwei Klassen aufgeteilt werden. Das Schulgesetz. von 1921 fügte dann auch noch die Mädchenfortbildungsschule hinzu. Beide gingen später in die heutigen Berufsschulen über. Als weitere bedeutende Neuerungen im Schulbetrieb brachte das Gesetz von 1874 die Einführung des Zeichen- und Turnunterrichts. Auch die Fächer Erdkunde, Geschichte und Naturkunde wurden von jetzt an sorgfältiger gepflegt als bisher.

Schon vor dem 74er Gesetz war der Handarbeitsunterricht für Mädchen wiederholt zur Einführung empfohlen worden. 1851 wurde dem Schulvorstand die Genehmigung zur Errichtung einer Industrieschule erteilt. Diese war zunächst auch eine reine Privatanstalt mit einem eigenen Vorstand und besonderen Statuten. Die Teilnahme war noch freiwillig. Die erste Lehrerin, Margarethe Löwenstein aus Nidda, erhielt eine jährliche Vergütung von 25 fl., die aus einem zu erhebenden Schulgeld zu bezahlen waren. Jedes ‚Mädchen sollte pro Unterrichtstag einer Keuzer bezahlen. Die Gemeinde lieferte dazu 2 Stecken Buchenholz für die Heizung. Laut Vertrag begann der Unterricht am 8. März 1851. Nach kurzer Zeit ging diese Schule aber wieder ein und erst 1856 wurde vom Gemeinderat und Schulvorstand beschlossen, sie wieder neu ins Leben zu rufen. Als Lehrerin, damals „Strickfrau" genannt, wurde Frau Marie Magdalene Bierau vorgeschlagen. Jetzt übernahm die Gemeinde die Einrichtung. Nach dem Vertrag mit dem Ortsvorstand erhielt Frau Bierau eine jährliche Besoldung von 60 fl. und 1½ Stecken Buchenholz für die Heizung. Am 27.8.1856 wurde sie in Gegenwart sämtlicher Schulvorstandsmitglieder „feierlichst" eingewiesen und die Schule eröffnet. Durch das Gesetz von 1874 wurde auch dieser Unterricht verbindlich für alle Schulen und die Handarbeitslehrerinnen, meist geeignete Frauen aus dem Dorf, wurden vom Schulvorstand vorgeschlagen und von der Behörde durch Dekret angestellt. Seit 1921 wurde der Handarbeitsunterricht nur noch von besonders dazu ausgebildeten technischen Lehrerinnen erteilt.

Von 1900 bis 1938 war die Schule vierklassig. Nach Beendigung des zweiten Weltkrieges wurden 1945 auf Befehl der Besatzungsmacht alle Schulen vorläufig geschlossen und die Lehrer entlassen. Durch den Zuzug zahlreicher Evakuierten schon während des Krieges und dann der Flüchtlinge aus den Ostgebieten hatte sich die Schülerzahl fast verdoppelt, so dass nach Wiederbeginn der Schule nach und nach sieben Klassen eingerichtet werden mussten. Durch Zuteilung einer Schulhelferin konnte sogar ein Jahr lang jedes Schuljahr getrennt, allerdings nur im Schichtunterricht geführt werden. Durch Wegzug vieler Familien nach besseren Arbeitsplätzen trat allmählich eine so starke Verminderung der Schülerzahl ein, dass zu Ostern 1953 wieder eine Stelle einging und die Schule ist seitdem sechsklassig.

IV. Die Lehrer

1. Herr Weigand von 1530 bis 1548, Schulmeister.

2. Heilmann Wolf von Echzell, "Wylt Hens Sohn", von 1548 bis 1552 Schulmeister, dann Diakonus (zweiter Pfarrer in Echzell).

3. Andreas Echzell von Echzell von 1552 bis 1553 Schulmeister, er ist wohl identisch mit Andreas Sidelensis aus Echzell, der 1548 als Student nach Marburg kam.

4. Johannes Rörick von Echzell, Sohn des Schultheißen Paul Rörick, von 1553 bis 1556 Schulmeister.

5. Reinhard Haun von Echzell, Sohn des Pfarrers Kaspar Haun, von 1557 bis 1563 Schulmeister, dann Pfarrer in Echzell.

6. Philipp Lauckhard von Echzell, von 1563 bis 1575 Schulmeister, dann Diakonus in Echzell, gest. 1593.

7. Emanuel Vigelius Hausmann von Nidda von 1575 bis 1583 Schulmeister.

8. Kaspar Nigrinus von Echzell von 1583 bis 1590 Schulmeister, von 1590 bis 1607 Oberschulmeister. Er war der Sohn des Pfarrers und Superintendenten Georg Nigrinus.

9. Kaspar Lauckhard von Echzell, Sohn des Diakonus Philipp Lauckhard, von 1599 bis 1607 Unterschulmeister, von 1607 bis 1638 Oberschulmeister, gest, 1638.

10. Kaspar Albinus, „hat von anno 1617 in Schulen laborirt", von 1635 bis 1638 Unterschulmeister, von 1638 bis 1649 Oberschulmeister, von 1649 bis 1655 Präzeptor, wurde 1655 in den Ruhestand versetzt, war dann Glöckner und starb am 4.9.1689, alt 99 Jahre 7 Monate.

11. Nikolaus Fulderus von Battenberg, von 1608 bis 1611 Unterschulmeister.

12. Johannes Schwinghorn von Echzell, Sohn des Einwohners Schwinghorn, von 1612 bis 1627 Unterschulmeister, gest. 1627.

13. Heinrich Lotichius von Echzell, Sohn des Einwohners Konrad Lotz, von 1627 bis 1635 Unterschulmeister, gest. 1635 an der Pest.

14. Adam Kessler von Gießen, von 1639 bis 1641 Unterschulmeister.

15. Johannes Lanius von Melbach, von 1641 bis 1646 Unterschulmeister.

16. Samuel Pfnorr von Martinroda im Gothaischen, von 1646 bis 1649 Unterschulmeister.

17. Johannes Andreas Crecelius von Usingen, von 1649 bis 1655 Rektor.
    Er war gezwungen, sein Amt in Echzell niederzulegen, weil seine Frau in die Hexenprozesse verwickelt worden war; er wurde Lateinlehrer in Idstein i.T.

18. Johann Heinrich Pistorius, von 1649 bis 1652 Konrektor.

19. Nikolaus Leib, 1653 Konrektor.

20. Johannes Bindewald von Ruppertenrod, von 1653 bis 1668 Konrektor, dann Diakonus in Echzell.

21. Johannes Wilhelmi von Marburg, von 1655 bis 1692 Rektor, gest. 22.6.1692.

22. Johann Rupert Tribert von Grünberg, von 1655 bis 1658 Präzeptor.

23. Michael Wernlin von Schwalbach, von 1659 bis 1677 Präzeptor.

24. Heinrich Georg Draudt von Dauernheim, von 1668 bis 1680 Konrektor.

25. Philipp Bindewald von Echzell, Sohn des Konrektors Joh. Bindewald, von 1681 bis 1686 Konrektor, dann Diakonus in Echzell.

26. Johann Georg Blumenrod von Echzell, von 1687 bis 1692 Konrektor und von. 1692 bis 1705 Rektor, gest. 22.2.1705.

27. Johannes Schäffer von Homberg a. d. Ohm, von 1677 bis 1701 Präzeptor.

28. Konrad Christian Lorenz Schmoll genannt Eisenwerth von Gießen, von 1692 bis 1701 Konrektor.

29. August Henning von Weißenfels in Meißen, von 1701 bis 1705 Konrektor, von 1705 bis 1746 Rektor, gest. 16.9.1746.

30. Johann Christian Letze von Ehringshausen, von 1721 bis 1732 Gehilfe bei Henning.

31. Philipp Reinhard Seppe von Breidenbach, von 1737 bis 1742 Gehilfe bei Henning.

32. Helfrich Wilhelm Müller von Schotten, von 1743 bis 1741 als Gehilfe Vizerektor genannt, wurde Hennings Nachfolger; von 1747 bis 1751, gest. 24.10.17510

33. Johann Martin Sartorius von Homberg a.d.Ohm, von. 1701 bis 1708 Präzeptor, gest. 5.7.1708.

34. Christoph Georg Lauckhard von Echzell, Sohn des Gerichtsschreibers Joh. Phil. Lauckhard, von 1708 bis 1724 Präzeptor, gest. 16.6.1724.

35. Adam Bell von Schotten, von 1705 bis 1707 Konrektor, gest. 13.80 1707.

36. Johannes Lindenmeyer von Eierstadt, von 1709 bis 1711 Konrektor, gest. 9.7.1711.

37. Eberhard Pettenkofer von Worms, von 1711 bis 1754 Konrektor, gest. 1754.

38. Daniel Kornmesser von Sprendlingen bei Offenbach, von 1724 bis 1758 Präzeptor.

39. Christoph Ludwig Fauerbach von Darmstadt, von 1752 bis 1782 Rektor, gest. 1782.

40. Johann Konrad Schmidt von Gießen, von 1754 bis 1769 Konrektor.

41. Georg Christian Eberhard von Bingenheim, von 1758 bis 1769 Präzeptor und von 1769 bis 1802 Präzeptor und zweiter Lehrer (Ende des Konrektorats), gest. 7.1101802.

42. Philipp Anton Wagner von Heuchelheim bei Gießen, von 1782 bis 1816 Rektor, gest. 10.11.1816.

43. Konrad Christoph Eberhard von Echzell, Sohn des Präzeptors Gg. Chr. Eberhard, von 1802 bis 1838 Präzeptor, 1838 pensioniert, gest. 13.3.1847.

44. Heinrich Friedrich Eberhard, Sohn des Präzeptors Kon. Christoph Eberhard, von 1830 bis 1838 Assistent seines Vaters, von 1838 bis 1848 Vikar der zweiten Schule, von 1848 bis 1869 dritter Lehrer, 1869 pensioniert, gest. 31.1.1876.

45. Ludwig Reiber von Grünberg, von 1817 bis 1833 Rektor, von 1821 bis 1833 zugleich Verweser der 2.Pfarrstelle, dann bis 1839 zweiter Pfarrer i. E.

46. Philipp Hartmann von Dudenhofen ,von 1843 bis 1844 Vertreter für den erkrankten. H. Fr. Eberhard.

47. Ernst Philipp Werner von Echzell, von 1834 bis 1846 letzter Rektor der Lateinschule, von 1846 bis 1854 erster Lehrer an der Volksschule, pensioniert 170201854, gest. 4.6.1854.

48. Gustav Eigenbrodt von Hof Lauterbach, von 1842 bis 1844 Vertreter bei Werner.

49. Konrad Schneider von Trais-Horloff, von 1854 bis 1855 Vikar der 1. Stelle.

50. Karl Henkelmann von Beuern, von 1855 bis 1857 Vikar der 1. Stelle.

51. Friedriech Martin Becker von Ober⁻-Eschbach, 1857 Vikar der 1. Stelle.

52. Christian Friedrich Bierau von Stammheim, von 1840 bis 1879 Lehrer, gest. 11.5.1879. (s. Mädchenlehrer)

53. Heinrich Rasp von Offstein, von 1857 bis 1872 Lehrer.

54. Julius Hof von Burg-Gemünden, von 1869 bis 1870 Vikar, von 1870 bis 1895 Lehrer.

55. Adolf Wolf von Petterweil, von 1873 bis 1875 Vikar.

56. Adolf Kern von Allendorf a.d.Lahn, von 1875 bis 1878 Lehrer, gest. 20.2.1878.

57. Hugo Link von ?, von 1879 bis 1882 Lehrer.

58. Heinrich Klamm von ?, von 1879 bis 1886 Lehrer.

59. Georg Simon von Hillesheim, von 1882 bis 1884 Verwalter, von 1884 bis 1900 Lehrer.

60. Johann Philipp Barth von Roßdorf, von 1886 bis 1888 Verwalter, von 1888 bis 1925 Lehrer, 1925 pensioniert, gest. 14.5.1942.

61. Karl Hoffart von Langen, von 1895 bis 1897 Verwalter, von 1897 bis 1907 Lehrer.

62. Heinrich Kreutzer von Gensingen, 1900 bis 1906 Verwalter.

63. Ludwig Sommer von Watzenborn, 1900 bis 1901 Verwalter.

64. Heinrich Berwig von Herrweiler, von 1902 bis 1905 Verwalter.

65. Friedrich Freymann von Ober-Schmitten, von 1905 bis 1945 Lehrer und ab 1934 Schulleiter, pensioniert 1945, gelt. 1.2.1952.

66. Heinrich Müller von ?

67. Peter Vollrath von Reichelsheim i. Odw., von 1907 bis 1908 Verwalter.

68. Adolf Morell von Trais-Münzenberg, von 1907 bis 1909 Verwalter.

69. Friedrich Frank von Breungeshain, von 1908 bis 1912 Lehrer

70. Karl Hanstein von Holzheim, von 5.1. bis 24.3. 1912 Verwalter

71. Robert Hahn von Pfeddersheim, von 1909 bis 1912 Verwalter

72. Georg Schuch von Nieder-Eschbach, von 1912 bis 1921 Lehrer, von 1921 bis 1934 Lehrer und Schulleiter, 1934 pensioniert.

73. Heinrich Keller von Lumda, von 6.7n bis 28,10. 1912 Verwalter

74. Hugo Diehl von Wippenbach, von 1912 bis 1913 Verwalter.

75. Ludwig Kaffenberger von Roßdorf, von 1913 bis 1914 Verwalter.

76. Heinrich Schley von Worms, von 1919 bis 1920 Verwalter.

77. Karl Reichelt von Darmstadt, von 1920 bis 1922 Verwalter.

78. Heinrich Müller von Oberwiddersheim, von 1922 bis 1923 Verwalter

79. Sabine Hix von Mainz, von 1923 bis 1948 Lehrerin, 1948 pensioniert, gest. 21.12.1950.

80. Gustav Kinzebach von Oppenrod, von 1933 bis 1935 Verwalter.

81. Johann Rudolf Kießling von Schwalheim, von 1934 bis 1935 Verwalter.

82. Wilhelm Jäger von Bermutshain, von 1935 bis 1938 Verwalter.

83. Wilhelm Alles von Echzell, von 1935 bis 1940 Lehrer, von 1940 bis 1945 Hauptlehrer und Schulleiter.

84. Alfred Jung von Groß-Gerau, von 1946 bis 1951 Lehrer und Schulleiter, gest. 1951.

85. Anna Charlotte Szczech von Gießen, von 1946 bis 1947 als Aushilfslehrerin.

86. Maria Eva Heinz von Mühlheim-Dietesheim, von 1945 bis 1947 als Aushilfslehrerin. (s. Liste der Handarbeitslehrerinnen)

87. Kurt Sommer von Bodenbach (Sudetenland), von 1946 bis 1947 Schulamtsanwärter, gest. 11.12.1947.

88. Helmut Ulbricht von Chemnitz, von 1947 bis 1952 Lehramtsanwärter, von 1952 bis 1955 Lehrer.

89. Hermine Petermann von Gablonz (Sudetenland), seit August 1947 Lehrerin.

90. Anne Friedel von Reichenau (Sudetenland), von 1947 bis 1949 Leb. rerin.

91. Erich Hartmann von Eschwege, von. 1948 bis 1952 Lehramtsanwärter, seit 1952 Lehrer.

92. Rudolf Kießling von Schwalheim, von 1948 bis 1953 Lehrer, seit 1953 Hauptlehrer und Schulleiter (s. Nr. 81)

93. Otto Koch von Rodheim a.d.Horloff, von 1948 bis 1951 Lehrer. von 1951 bis 1953 Hauptlehrer und Schulleiter, 1953 pensioniert.

94. Gertrud Schwab von Zwittau (Sudetentand), von 1948 bis 1949 Schulhelferin.

95. Heinz Schneidmüller von Frankfurt/Main, von 1948 bis 1949 Schulhelfer.

96. Karl Albert Roth von Langsdorf, von 1949 bis 1950 Lehrer.

97. Willi Mayer von Büches, von 1950 bis 1953 Lehrer.

98. Viktoria Petermann von Gablonz (Sudetenland), seit August 1949 Lehrerin.

99. Karl Weitzel von Merkenfritz, von 1953 bis 1956 Lehrer,

100. Alfred Berger von Seitendorf (Sudetenland), von'1955 bis 1956 Lehrer

101. Irmgard Mindach von Berlin, seit April 1956 Lehramtsanwärterin.

102. Helmut Mader von Schluckenau (Böhmen), seit April 1956 Lehrer.

103.

V. Die Handarbeitslehrerinnen seit 1875

1. Frau Marie Magdalene Bierau von 1875 bis 1879

2. Frau Henriette Link von 1879 bis 1882

3. Frau Klamm von 1882 bis 1886

4. Frau Hof von 1882 bis 1883

5. Fräulein Marie Hof von 1883 bis 1885

6. Fräulein Anna Hof von 1885 bis 1894

7. Frau Charlotte Bauer von 1886 bis 1907

8. Frau Marie Binding von 1907 bis 1913

9. Frau Marie Ging von 1914 bis 1923

10. Frau Katharine Lauer von 1923 bis 1937

11.

Technische Lehrerinnen

1. Fräulein Maria Eva Heinz von Mühlheim-Dietesheim von 1937 bis 1949.

2. Fräulein Margarete Becker von Friedrichsdorf,4014,48 bis 1950.

3. Fräulein Annemarie Kiese von Bad Nauheim, von 1950 bis 1952.

4. Frau Hildegard Kneißl von Gossengrün (Sudetenland), seit 1952.

VI. Die Schulhäuser und die Lehrerwohnungen

Das älteste Gebäude, in dem Schule gehalten wurde, war aller Wahrscheinlichkeit nach das Haus des Glöckners, das vermutlich über dem heute noch vorhandenen Keller auf dem alten Kirchhof stand. Wie der Glöckner bis zur Reformation, so versahen auch später die Lehrer in ihren Dienstwohnungen ihr Amt. Jedenfalls waren längere Zeit die beiden Lehrerwohnungen in der heutigen Lindenstraße Nr. 11 und 13 auch zugleich die Schulgebäude. Wem diese ursprünglich gehört haben, ist nicht mehr festzustellen, denn in dem großen Visitationsbericht von 1628 wird für Echzell ein Schulhaus nicht besonders erwähnt. Eines davon, das spätere Konrektorhaus, war wohl bestimmt auch Eigentum der Kirche, da ja die Schulen der Reformationszeit rein kirchliche Einrichtungen waren und das ganze Kirchspiel$_s$ also Echzell, Gettenau und Bisses, gemeinsam für die Unterhaltung dieser Gebäude zu sorgen hatte. Als nämlich Gettenau im Jahre 1684 die landgräfliche Erlaubnis erhielt, eine eigene Schule zu errichten, wurde diese an die Bedingung geknüpft: „Es wird die Bestall- und Anordnung eines eigenen Schulmeisters gestattet", jedoch mit der ausdrücklichen Erklärung, dass „die Gemeinde Gettenau auch forthin ihre Schuldigkeit bei Kirchen und Schulen zu Echzell ohnweigerlich beitragen, alle zur Kirche und Schule gehörigen Baue, auch im Notfalle neue aufrichten helfen, wie nicht weniger jederzeit die Aufführungs- und anders Kosten dem Herkommen und Fürstlicher Ordnung gemäß mit ausrichten und andere prästanda (Pflichtleistungen) gleichwie vorhin, prästiren (leisten) soll". Von dieser Pflicht wurde Gettenau erst 1787 durch eine Resolution (Beschluss) des Fürstlichen Konsistoriums zu Gießen vom 5. Oktober d.J. befreit, als dem ersten Mädchenschullehrer „Wohnung und Lehrzimmer in vormaligen Rektoratshaus" angewiesen worden war.

Dieses sogenannte Rektoratshaus war das von Rektor Johann Georg Blumenrod im Jahre 1695 erbaute Haus in der Kirchgasse (heute Georg Schmidt), in dem auch schon die Schulfrauen die Mädchenschule gehalten hatten. Am 27. Juni 1695 wurde dem Rektor von den Landgeschworenen Johannes Lotz, Hermann Wentzel und Hans Steffan auf Anordnung des Oberschultheißen Ruppersberg „uf dem Herrschaftlichen Baublatz in der Kirchgasse ein Stück zu einem Häußchen, einem Stall und einer kleinen Hofstadt" abgemessen und am 18. Juli wurde ihm der Bau gegen „erlegung Eines Reichsthalers jährlicher ständiger grundzinß" genehmigt. 1702 erhielt er auch noch das „wüste Plätzchen vor dem Haus", um es zu einem Gärtchen einzuzäunen. Darauf wurde ein Zins von 5 Albus gelegt, „weil das Plätzchen zu gar wenigem kann Benutzet werden, auch viel zuzumachen kostet". Gleichzeitig verpflichtete sich der Rektor, die Einfahrt zur Fürstl. Zentscheuer freizuhalten und durch ein Tor abzuschließen.

Ein Gebäude, das nur für den Schulunterricht bestimmt war, erhielt die Gemeinde erst im Jahre 1649, doch auch das war Eigentum der Kirche und hatte damals schon ein beträchtliches Alter. Es war unser heutiges Rathaus, in das damals die Lateinschule und die „teutsche Knabenschul" verlegt wurden. Erbaut wurde es in seiner ursprünglichen Gestalt wahrscheinlich schon gegen Ende des 14. Jahrhunderts. Es war ein einstöckiger, hallenartiger Bau und diente bis etwa 1600 dazu, die auf dem kreisförmig um das Gotteshaus liegenden kleinen Kirchhof ausgegrabenen Totengebeine aufzubewahren. Solche Gebäude standen noch im 16. Jahrhundert in Hessen auf vielen Kirchhöfen und wurden Kerner oder Beinhäuser genannt. Schon im 15. Jahrhundert war das Haus zweistöckig und in vorreformatorischer Zeit wurden im oberen Stock die Toten- und Seelenmessen für die Verstorbenen gelesen. Später diente es der Aufbewahrung einer umfangreichen Kirchenbibliothek, die 1614 in „einer uf fem Kerner oder Beinhaus zue stetiger Behaltnus eingegeben Stuben gestellt" wurde. Auch die heiligen Gefäße und die Fruchtgefälle der Kirche wurden hier aufbewahrt. Als man zu Anfang des 17. Jahrhunderts von der Sitte, „die Totenbeine in Kerner zu legen" abkam, wurden diese Gebäude vielerorts für Schulzwecke benutzt. So auch in Echzell, als Landgraf Wilhelm Christoph die Lateinschule mit drei Schulstellen für seine Landgrafschaft Hessen-Bingenheim errichtete.

Über die Verlegung der Schule in das heutige Rathaus gibt uns eine Zeugenaussage aus dem Jahre 1712 genaue Auskunft. Der am 7. November d.J. eidlich vernommene Ortsbürger Johann Heinrich Lahm, „der ins 84te Jahr gehet und 32 Jahr das Gericht besitzet", also Gerichtsschöffe war, sagte damals folgendes aus: „Was die hiesige Schul betreffe, so seye solche bis ad annum 1649 in des jetzigen Conrectoris Haus gehalten worden. Als aber Ihro fürstliche Durchlaucht, Herr Landgraf Wilhelm Christoph zu Bingenheim höchst seligen Andenkens ein Gymnasium dahier angelegt, sei solches in das auf dem Kirchhof stehende, sonst gewese Beinhaus verlegt worden. Gleichwie nun die Kirche allein solches vormals in Bau und Stand erhalten₍, also hätte sie auch solches, als eine Schul seither darin, erhalten müssen׳ außer dass die Gemeinden des Amts Bingenheim Tisch und Bänk, auch die Fenster darin angeschafft und solche besorgt und unterhalten, und übrigens beim Bauwesen wie bei der Kirch die Handreichung getan. Inmaßen denn, als in anno 1656 (2. Mai) durch den damaligen Brand solche beschädigt worden, die Kirch die Baukosten bestritten und solche repariren lassen, und die Gemeinden die nöthigen Zufuhren gethan." Sicher gaben zu dieser Aussage

Verhandlungen zu einem beabsichtigten Umbau des Gebäudes den Anlass, der dann auch im Jahre 1718 erfolgte.

Darüber berichtet Pfarrer Hoffmann in seiner Schulchronik: „Im Jahr 1718 wurde der hiesiger Kirche zuständige alte Kirchhofsbau, der Kerner genannt, welcher in seinen unteren und hohlen Raume als Beinhaus diente, im oberen Stockwerk aber die Kirchenbibliothek bewahrte und dessen Speicher von der Kirche anderweits vermietet wurde, in dem oberen Stockwerke auf Kosten des Kirchenkastens zur Schule umgebaut, nachdem schon längere Zeit (seit 1649) darin Schule gehalten worden war. Das nöthige Bauholz wurde aus dem Markwald entnommen. Die Gemeinden Echzell und Gettenau verrichteten alle Fuhren in der Frohn und entrichteten außerdem mit Einschluß der Gemeinde Bisses zusammen einen Geldbeitrag von 33 fl., nämlich den zehnten Theil der Baukosten, welcher mit 330 fl. 18 Kr. in der hiesigen Kirchenrechnung von 1718 verausgabt wird". In den Denkwürdigkeiten, welche das alte Kirchenbuch von Echzell enthält, heißt es dazu: „Am 22.. Februar 1719 wurde das neue Schulgebäude solleniter (feierlich) mit Gesang und Gebet, orationibus (Ansprache) und Musik inaugurirt (eingeweiht).Den sermonem inauguratum (Weihrede) hat gehalten hiesiger Metropolitan (Ober-Pfarrer) M. Schmoll und haben alle pastores hiesigen Amts, Herr Amtsverweser, Herr Oberschultheiß, das ganze Gericht, alle Kirchensenioren (Kirchenvorstände), alle Bürgermeister und Vorsteher (Gemeinderäte) von Echzell, Gettenau und Bisses diesem actui inaugurationis (Weiheakt) beigewohnt".

Auch ein Salbuch der Kirche von 1741 enthält über diesen Umbau folgenden Eintrag: „Das Schulhaus auf dem Kirchhof, worinnen die Schul gehalten wird, ist von dem Kirchenkasten anno 1718 neu erbauet werden, also, dass derselbe sowohl denen Handwerksleuten den Lohn bezahlen, als auch alle Materialien anschaffen müssen, ausgenommen das Bauholz, welches aus hiesigem gemeinen Wald, doch gegen Zahlung 5 fl. Forstgebühr, so der Kasten ebenfalls entrichtet, genommen und von bei den Gemeinden Echzell und Gettenau herbeigeführt werden, wie dann beide Gemeinden auch alle übrige dabei nötig gewesene Fahrten in- und außerhalb Landes, wie auch Frohndienste mit der Hand ohnentgeldlich verrichten müssen. Nicht weniger haben alle drei Gemeinden, Echzell, Gettenau und. Bisses, zu diesem Bau 33 fl. an Geld gegeben, laut Kastenrechnung von 1718, pag.44. Es hat dieser Bau zwo Stuben, zu welcher die Schüler durch eine Wendeltreppe hinaufgehen, und wird in de' fördersten Stube die lateinische, in der andern aber die teutsche Schule gehalten, beide Schulen aber werden von einem Ofen geheizt. Unten ist das sogenannte Beinhaus, aber keine Wohnungen für die Präceptores, als welche außer diesem Haus wohnen. Indessen wird dieses Schulhaus auf gleiche Weise vom Kirchenkasten erhalten, wie jetzo von Erbauung desselben (Umbau) gemeldet werden, und ist es zwar dermalen noch in brauchbarem Stand, jedoch hat es von seiner ersten Erbauung an verschiedene Gebrechen, dahero schon bald dieses, bald jenes daran zu repariren ist."

Nachdem dieses Haus in seinem oberen Stockwerk weitere 100 Jahre den beiden Knabenschulen, der Rektoratsschule mit meist nur bis zu höchstens 12 Schülern und der Präzeptoratsschule mit weit über 100 Schülern, als Unterkunft gedient hatte, erfuhr es 1818 wieder eine Umgestaltung dadurch, dass der Raum für die Lateinschule mit dem der deutschen Schule vereinigt wurde, was einen Kostenaufwand von etwa 100 fl. erforderte. Von nun an erteilte der Rektor den lateinischen Unterricht wieder in seiner Wohnung. Trotzdem nun etwas mehr Raum für die deutsche Schule vorhanden war, konnte man sich doch nur dadurch helfen, dass man die große Schülerzahl in zwei Abteilungen aufteilte und nacheinander unterrichtete.

Genauso wie dem Knabenschullehrer erging es auch dem Mädchenschullehrer mit seinen damals etwa 130 Schülerinnen. Das Schulzimmer in seiner an sich schon recht beschränkten

Wohnung reichte längst nicht mehr aus für die große Schar. Auch er musste teilen. Deshalb bat die Gemeinde am 16. Juli 1829 um die Erlaubnis, „das untere leerstehende, durch vier Bögen offene Stockwerk des dem Kirchenärar zugehörende Kirchhofshaus auf ihre Kosten zu einem Lehrzimmer für die Mädchen umbauen und benutzen, wie auch einen Keller unter demselben anlegen zu dürfen". Nach der neuen, allgemeinen hessischen Schulordnung war nun die Gemeinde verpflichtet, die Kosten dieses Umbaus zu tragen. Der Antrag wurde von der damaligen höchsten Schulbehörde, dem Großherzoglichen Kirchen- und Schulrat zu Gießen am 14. Dezember 1829 „gnädigst" genehmigt. Aber erst nach langem hin und her wurden endlich an 20. März 1831 die Bauarbeiten vergeben. Die Kosten beliefen sich auf rund 500 fl. Am 5. Januar 1832 konnte dann die „feierliche Einweihung den neuen Schullokals" erfolgen.

Damit war jedoch keinesfalls die Raumnot der Schule behoben, denn schon im folgenden Jahr beantragt der Schulvorstand die Erbauung eines weiteren Saales für die Knaben. Das alte Beinhaus sollte nach Norden hin durch einen Anbau erweitert werden. Doch diesen Plan lehnte der Großh. Oberschulrat in Gießen als oberste Behörde ab und schlug der Gemeinde die Errichtung eines zweistöckigen Neubaus nach Abbruch des alten Hauses vor. Damit erklärte sich auch zunächst der Gemeinderat einverstanden und der Kirchenvorstand war sogar bereit, das alte Gebäude und den erforderlichen Bauplatz „für ein neues zweistöckiges Schulhaus mit vier Sälen" der Gemeinde zu überlassen. Diese aber verstand es, die Durchführung des Planes von Jahr zu Jahr hinauszuschieben unter den Vorwend, dass die jährlichen hohen Beiträge zu den Kosten des neuen Straßenbaues die Gemeindekasse voll und ganz in Anspruch nähmen. Außerdem wurden von allen Seiten Abänderungsvorschläge zum Bauplan gemacht, um, wie immer wieder betont wurde, die Kosten zu verringern – Holzbau statt Steinbau, Ziegeldach statt Schieferdach, nicht vier, sondern bloß drei Säle und eine Lehrerwohnung.

So gingen fünf Jahre dahin und alles blieb zunächst schön beim alten. Doch vom Jahre 1837 ab erneuerte Pfarrer Hoffmann als Vorsitzender des Ortsschulvorstandes ununterbrochen seine Anträge, hielt Besprechungen ab und machte immer wieder neue Verschläge, so dass endlich der Gemeinderat am 13. November 1843 der Kreisschulbehörde nach Nidda meldete, „dass der schlimme Zustand des alten Schulhauses unter allen Verhältnissen sei und so bald als möglich ein neues, gesundes und geräumiges Schullokal nötig mache". Am 8. Januar 1844 erteilte das Kreisamt Nidda die Baugenehmigung, jedoch verfloss auch noch dieses Jahr, bis dann endlich am 16. Juli 1845 der Grundstein gelegt werden konnte. Am 1. November 1846 erfolgte die feierliche Einweihung und am 28. d. M. berichtete Bürgermeister Eberhard, ein Sohn des Präzeptors Eberhard, dass das neue Schulhaus mit einem Kostenaufwand von 10 808 fl. 49Kr. vollendet, zur Zufriedenheit der Gemeinde ausgeführt und an dieselbe übergeben worden sei. Die im Grundstein unter den Hauseingang eingemauerte Urkunde enthält ein Verzeichnis der Schulkinder (140 Knaben und 107 Mädchen), eine Liste der Ortsgeistlichen, der Lehrer, des Kirchen- und Schulvorstandes sowie des Ortsvorstandes. Zur Feier der Einweihung versammelten sich die Geistlichen, die Lehrer, der Kirchen-, Schul- und Gemeindevorstand, die Schulkinder, der Singverein und das Baupersonal um 9 Uhr im Pfarrhof, zogen von da unter Gesang erst zur alten Schule und nach einer kurzem Abschiedsfeier zum neuen Schulhaus, wo der erste Geistliche, Dekan Hoffmann den Weiheakt vollzog. Umrahmt wurde die Feier durch Gesang der Schulkinder und des Singvereins. Den Abschluss bildete ein Festgottesdienst. Am Nachmittag war das Haus zu Besichtigung freigegeben, auch die Brezeln für die Schulkinder fehlten nicht.

Die Vorteile, die sich durch die neue Schule von nun an für die damaligen Echzeller Schulverhältnisse ergaben, bekunden die Schlusszeilen der Hoffmannschen Chronik. „Dieses Schulhaus mit drei großen Lehrsälen und einer dritten Lehrerwohnung entspricht, seinem Raume nach, vollkommen dem Zwecke und hat es zugleich möglich gemacht, dem seitherigen Schulplan eine erwünschte Erweiterung von 26 neuen Lehrstunden wöchentlich zu geben und fünf Klassen zu bilden, wovon die erste vor- und nachmittags, zugleich in den seither nicht vorgetragenen Realien, dem Rektor, die vier übrigen (gemeint sind zwei Klassen mit je zwei Abteilungen) den beiden anderen Lehrern überwiesen sind. Schon die nächste darauf folgende Prüfung im Frühling 1847 beurkundete einen glücklichem Erfolg dieser neuen Einrichtung, welche darum auch von der oberen Schulbehörde anerkannt worden ist."

Nach 1846 wollte Pfarrer Hoffmann im oberen Stock des alten Beinhauses eine Kirchendienerwohnung mit drei Zimmern und Küche einrichten und den Mädchenschulraum für den Industrieunterricht „reservieren". Sein Wunsch kam jedoch nicht zur Durchführung, weil die staatlichen und kirchlichen Oberbehörden den Zeitpunkt für die Trennung der. Kirchendienerstelle von der Mädchenschullehrerstelle noch nicht für gekommen hielten. 1862 kaufte dann die Gemeinde das Haus für 120 fl. von der Kirche zu dem Zwecke, dem es noch heute dient, nachdem das längst baufällig gewordene alte Rathaus in der Kirchgasse (heute Gärdchen Reuß) abgebrochen worden war. Auch der Raum hinter der neuen Schule erfuhr nun eine Umgestaltung. Bis dahin senkte sich der Kirchhof von der Höhe der Kirche nach der Lindengasse herunter, ebenso nach dem Beinhaus zu. Jetzt wurde der Grund bis zur Tiefe des heutigen Schulhofes ausgehoben, der Raum durch eine Mauer mit Staketenzaun abgetrennt und die Umgebung der Kirche mit Blumenbeeten und Ziersträuchern ausgeschmückt. Dabei wurde auch die Verbindung der Kirchgasse mit der Lindengasse geschaffen und die alte morsch gewordene Kirchhofslinde, die der Straße von alters her den Namen gab, jetzt aber zu dicht am Schulneubau stand, gefällt.

Im Laufe der Zeit musste sich auch dieses Schulhaus mancherlei Veränderungen gefallen lassen. Als die Schule vierklassig wurde, verschwand die Lehrerwohnung im unteren Stock und wurde Schulsaal. Nachdem sie dann wieder dreiklassig geworden war, beherbergte das Haus von 1941 bis 1951 die Bürgermeisterei. 1949 wurde eine Hausmeisterwohnung auf dem Speicher und 1951 die Dampfheizung eingebaut. Im Jahre 1911 verkaufte die Gemeinde die Lehrerwohnung Lindenstraße 13 und erwarb das Anwesen der Kaufleute Schwarz in der Hauptstraße, das zunächst zu zwei Lehrerwohnungen und einer Verwalterwohnung umgebaut wurde. Später erfolgte dann in dem Anbau die Einrichtung der Unterrichtsräume für die Berufsschule und der Unterkunft für den Kindergarten. Seit 1946 dient ein Teil dieser Räume auch der Volksschule. Dass bei den alten Lehrerwohnungen auch Wirtschaftsgebäude vorhanden sein mussten, war eine Notwendigkeit früherer Zeiten, weil die Lehrer ausnahmslos neben ihrem Beruf auch etwas Landwirtschaft betrieben. Nach den Besoldungsnoten des Kirchensalbuchs von 1740, in dem die einzelnen Stücke genau beschrieben sind, betrug das Schulgut etwa 5 bis 6 Morgen und bestand in der Hauptsache aus Wiesenstücken und nur ganz wenig Acker- und Gartenland. Als die Gemeinde den Anschlag um 100% erhöhte, verzichteten die Lehrer auf Schulgut und Losholz.

So primitiv einst die äußeren Verhältnisse unserer Schule bis zur Mitte des 19. Jahrhunderts waren, so einfach, ja geradezu ärmlich war auch ihre innere Einrichtung und Ausstattung. Lehrmittel gab es so gut wie gar keine. Die Schüler schrieben an gewöhnlichen Tischen, ihrer Länge wegen Tafeln genannt, und saßen dicht gedrängt auf schmalen Bänken ohne Lehnen. Als dann später Banktische, sogenannte Subsellien, angeschafft wurden, war dies ein großer Fortschritt. Erst zu Anfang des 20. Jahrhunderts kamen die eisernen Schulbänke mit Klappsitzen auf, von denen zur Zeit noch eine Anzahl in Gebrauch sind. Um 1830 wurden die ersten Wandkarten, naturkundliche Bildtafeln und

Rechentafeln angeschafft, denen nach 1875 die Kumpaschen Zeichenvorlagen folgten. Wandtafeln mit Kreide und Schwamm kamen ebenfalls erst um diese Zeit auf, waren aus Holz und hingen an den Wänden oder standen bestenfalls auf oft recht wackeligen Gestellen. Wie ganz anders sehen doch dagegen heute unsere Schulsäle aus. Die erste Ausstattung mit modernen Schulmöbeln, Tischen und Stühlen, erfolgte 1951 für einen Saal und 1954 für zwei weitere. Als nach der Wiedereröffnung der Schule im Jahre 1946 kaum noch ein wirklich brauchbarer Gegenstand des früheren Lehrmittelbestandes vorhanden war, hat es die damalige Gemeindeverwaltung als eine ihrer dringendsten Aufgaben angesehen, hier auf schnellstem Wege Abhilfe zu schaffen. So konnte von Jahr zu Jahr durch Bereitstellen recht namhafter Beträge das Schulinventar durch Anschaffung wertvoller und zeitgemäßer Lehrmittel neu aufgebaut und ergänzt werden. Heute verfügt deshalb unsere Schule schon wieder über eine recht stattliche Anzahl bester Lehrmittel aller Art, sowie über reichhaltige Lehrer-, Schüler- und Erwachsenenbüchereien.

Schließen wir unseren Gang durch die Vergangenheit mit einem Wunsch an die Gegenwart. Mögen sich Lehrer und Schüler auch in ihrem neuen modernen Schulgebäude gern vergangener Zeiten erinnern und stets bedenken, dass aus den alten Räumen auch tüchtige Menschen hervorgegangen sind, die ihre Lebensaufgaben zu meistern verstanden.

Quellen:

1. Akten des Schul-, Pfarr- und Gemeindearchivs.

2. Prälat d. Dr. Dr. Wilhelm Diehl: Hessisehes Lehrerbuch, zweiter Teil (Oberfürstentum Hessen), Band X der Hassia sacra.
Die Schulordnungen des Großherzogtums Hessen, 3 Bände,
Beiträge zur Hess, Kirchengeschichte, Bd. I/VII: Neue Funde zur Reformationsgeschichte in der Wetterau, Echzell, H.S.A.V, 4 Conv. 108.

3. Pfarrer Chr. Aug. Hoffmann: Schulchronik von Echzell 1846.

4. Pfarrer Ernst Siebeck: Stipendium und Stipendiaten aus Echzell in Marburg 1540 bis 1556, Bemerkenswertes aus dem Leben Echzeller Pfarrer.
Der Echzeller Kirchhof.
Aus weiteren Aufzeichnungen und Veröffentlichungen über Echzell.

5. Dr. Hermann Schäfer: Die Hessische Volksschule in dreieinhalb Jahrhunderten 1526 bis 1874, Gießen 1911.

6. Die Hessischen Volksschulgesetze seit 1827.

Echzell vor 125 Jahren:

Einblicke in das Tagesgeschehen

von Heinrich Mimberg, Frankfurt

Gelegentlich kommen dem an Post- und Heimatgeschichte interessierten Sammler Belege in die Hand, aus denen Erleuchtendes, Erheiterndes, in manchen Fällen auch Trauriges zu entnehmen ist. Vor einiger Zeit fand eine unscheinbare Postkarte den Weg in meine Sammlung. Diese Karte wurde am 31. März 1890 in Echzell abgestempelt und war an den Grafen von Görtz in Weimar adressiert. Der damalige Echzeller Postverwalter Fleis verfasste einige Zeilen und teilte dem Herrn Grafen folgende Informationen mit:

„Beim Ausheben der Fundamente zum neuen Postgebäude hier sind wir auf Überbleibsel aus der Römerzeit gestoßen und hier unter anderem Theile von Thonkrügen zu Tage gefördert. Ich habe mir zwei schön erhaltene Theile solcher Krüge mitgenommen. Der eine ist ein Krug mit einem Henkel, der andere ein solcher mit zwei Henkeln gewesen. Da ich weiß, dass Erlaucht sich für derartige Sachen interessieren, so stelle diese von gratis zur Verfügung. Sollten hier später noch andere vielleicht nur kleinere Funde gemacht werden, und Erlaucht darüber Nachricht wünschen, bin ich zu jeder Mitteilung sehr gerne bereit.

Mit freundlichen Grüßen Fleis. Echzell, den 31. 3. 1890"

Mit dem neuen Postgebäude meint der Postverwalter Fleis das im Jahr 1888 eröffnete Haus in der Lindenstraße, in dem bis ca. 1960 die Echzeller Poststelle untergebracht war. Zuvor befand sich die Fahrpost-Station der Postkutschenverbindung nach Friedberg und Nidda in der Hauptstraße Nr. 95. In diesem Anwesen wurde die Land- und Gastwirtschaft („Zum weißen Ross") von der Familie Steffan betrieben. Die Briefpostannahme befand sich bereits seit der Errichtung einer

Postexpedition am 15. Juli 1844 im Hause Geist (Hauptstraße/Ecke Kirchgasse).

Abb. 1: Postkarte vom 31. März 1890 aus Echzell nach Weimar an den Grafen Görtz

Immer wieder wurden beim Bearbeiten des Bodens auf den Feldern in der Echzeller Gemarkung sowie bei Bauarbeiten zahlreiche Gegenstände aus der Römerzeit gefunden. Wir wissen nicht, welches Interesse der Empfänger der Postkarte hatte und in welchem Verhältnis der Posthalter Fleis zu ihm stand. Jedenfalls war der Echzeller Postverwalter ein patriotisch gesonnener Mann und teilte voller Stolz dem Grafen Görtz mit, was beim Bau des neuen Postgebäudes an Gegenständen ausgegraben wurde. Ja, er machte diesem gar das Angebot, die gefundenen Stücke zu übersenden.

Der deutsch-französische Krieg endete 1870 siegreich für die deutsche Seite. Einer der Hauptgründe für diesen unerwarteten Erfolg war die vorhandene Infrastruktur der Eisenbahnverbindungen. Die Gründung des Militär- und Kriegervereins Echzell mit dem Namen „Hassia" war einige Jahre danach nur eine Folge dieser Zeit.

Abb. 2: Die Mitgliedskarte für das Jahr 1926 des Echzeller Apothekers Aubertin im „Militärverein Hassia" Echzell

Dies führte zu Erinnerungsfeiern an den Gedenktagen dieser Schlachten und andere Feierlichkeiten, die in jährlicher Folge begangen wurden. Da gab es nicht nur die „Sedansfeier" und des Kaisers Geburtstag, sondern auch Tage, die jeweils mit „patriotischen Gesängen", Umzügen und Vorträgen sowie Festreden begangen wurden. Feierlich zu gestalten waren auch Gedenktage für lebende und verstorbene Mitglieder des preußischen Herrscherhauses oder diesem nahestehende Persönlichkeiten (Geburtstag des Kaisers, Todestag Kaiser Friedrichs III., Geburtstag des Feldmarschalls Helmuth von Moltke, des Fürsten Bismarck etc. pp.). Hinzu kamen Jubiläumsfeiern für die Großen des Geisteslebens, beispielsweise für Johann Wolfgang von Goethe oder Philipp Melanchthon.

Im „Niddaer Anzeiger" vom 5. September 1890 ist folgende Beschreibung der Sedansfeier des Niddaer Buchdruckers und Redakteurs Cloos zu lesen:

„Wie in anderen Städten und Orten, in denen echter Patriotis-

mus zu Hause ist, so wurde auch am Dienstag (2. September) hier recht würdig der 20jährige Erinnerungstag von Sedan begangen. Wegen der Ernte war jedoch die Feier auf den Abend verlegt worden, und Alle, Alle kamen, da ja immer die Echzeller bei der Hand sind, gilt es einen patriotischen Festtag zu feiern. Dies sei hier lobend erwähnt. Gegen halb neun Uhr ging ein festlich geschmückter Fackelzug durch die Straßen des Ortes, und an diesen reihte sich später ein Biercommers im Lokale „Zum weißen Ross". Eröffnet wurde die Feier durch den Präsidenten des Kriegervereins, Herrn Reitz mit einem Hoch auf Se. Majestät den Kaiser. Weiterhin hielten Reden Herr Lehrer Simon, Herr Lehrer Barth mit einem Hoch auf unseren Großherzog und Herr Lehrer Hof mit einem solchen auf den Fürsten Bismarck. Sodann priesen der Postverwalter Flies den Präsidenten des Kriegervereins, und der Pharmaceut Geisel letzteren und sämmtliche Vereine, die zur Verschönerung des Festes mitgewirkt hatten. Lieder und Musikvorträge trugen noch zu der schönen Feier bei und man trennte sich spät in der Nacht mit dem Bewusstsein, einen schönen Tag verlebt zu haben. "

Der (lokale) „Hurra"-Patriotismus erfuhr im Jahr 1896 eine Steigerung, sofern dies noch möglich war. Zur Wiederkehr der Kaiserproklamierung sind dem Niddaer Anzeiger in der Ausgabe vom 20. Januar 1896 die folgenden Zeilen zu entnehmen:

„Die Tage der Feier der Wiederkehr der Kaiserproklamation im Spiegelsaale zu Versailles sind vorüber und mit gerechtem Stolz blicken unsere Bürger darauf zurück. Am 18. Januar waren schon früh morgens die Straßen reich beflaggt. Am Abend fand ein imposanter Fackelzug statt, welcher sich vom Marktplatz durch die Straßen der Stadt, die besonders durch einige schön illuminierte Häuser einen hübschen Anblick boten, nach dem Schillerplatz bewegte, wie die Stelle, für welche ein zu errichtendes Kriegerdenkmal bestimmt ist, nach Vortrag eines Liedes vom Gesangverein durch eine Festrede des Herrn Dekan Hofmeyer geweiht wurde. Die Musik spielte das Lied „Deutschland, Deutschland über Alles", welches begeistert von der vielhundertköpfigen Menge mitgesungen wurde. Eine ergreifende Ovation im Dunkel der Nacht beim Scheine vieler Fackeln und Lampions, welche Jung und Alt, Hoch und Niedrig beiwohnten, sich Eins fühlend in dem großen

nationalen Gedanken, der alle monarchisch gesinnten Männer Deutschlands an diesem Tagen beseelte. Der Fackelzug bewegte sich sodann nach dem Vereinslokal des Kriegervereins (Nidda), dem Hotel zur Traube, in welchem die Theilnehmer unter den Klängen der Musik feierlichen Einzug hielten. An Ansprachen und Reden ernsten und humorvollen Inhalts fehlte es hier nicht. Ein Huldigungstelegramm an den Fürsten Bismarck wurde abgesandt.

Am Sonntag zogen die Krieger mit ihrer Fahne zur Kirche, wo der Würde des 18. Januar entsprechend, feierlicher Gottesdienst stattfand. Der Abend bildete den Schluss des Festes; im Gambrinussaal versammelte sich wieder eine patriotische Volksmenge, Herren und Damen, die Veteranen von Nidda und Umgebung an besonders reserviertem Platze, welche letztere durch ein Telegramm ihrem obersten Kriegsherrn eine Huldigung darbrachten. Die Musik stellte der Musikverein Echzell. Man wusste hier seither wenig von diesem Verein, um so mehr war man überrascht durch die ausgezeichneten Leistungen desselben. Unter der Leitung des sehr begabten Dirigenten des Vereins, Herrn L. Schiel, wurden sämtliche Nummern des Programms fehlerlos gespielt.

Die Pausen wurden durch Toaste, Ansprachen und Vorträge von Liedern erfüllt. Wir müssen uns versagen, näher drauf einzugehen und constatiren nur, dass an beiden Abenden des Guten und Beherzigenswerthen viel gesprochen wurde. Wie der gestrige Abend, so war auch der vorgestrige von echtem Patriotismus getragen und kein Misston störte die schöne Festlichkeit.

Möge der patriotische Geist, den unsere Stadt gezeigt, fortwirken, mögen besonders die Mütter erzieherisch auf eine patriotische, monarchische Gesinnung ihrer Kinder hinwirken, dies ist der Größte Dienst, den die Frau dem deutschen Vaterlande leisten kann."

Feiern dieser Art fanden seinerzeit in vielen Orten der Wetterau und des Vogelsberges statt, nicht nur in Echzell und Nidda.

Abb. 3: Ansichtskarte, verwendet im Jahr 1903. Links oben: das Gasthaus „Zum weissen Ross" in der Hauptstraße 95; oben Mitte: das
Kriegerdenkmal in der Lindenstraße; rechts oben: das Forsthaus Echzell; links unten: der 1897 in Betrieb genommene Bahnhof, daneben die
Echzeller Burg und darüber das neue Postamt in der Lindestraße.

Sonntag den 24. Februar 1895, Abends 8 Uhr,

Concert
des Musikvereins zu Echzell
im Gasthaus zum „weissen Ross".

Programm.

1. Schieler Salonmarsch	v. Schiel.
2. Potpourri aus Martha	v. Flotow.
3. Tanzzauber, Walzer	v. Merzdorf.
4. Alma-Polonaise	v. Styasney.
5. Calif de Bagdad, Ouverture	v. Boieldieu.
6. Hans ti Jung, Concertgalopp	v. Schwenke.
7. Nachtlied der Krieger	v. Wrede.
8. Parade-Marsch	v. Zikoff.
9. Cavatine aus Barbier von Sevilla	v. Rossini.
10. Liebchen in Armen, Walzer	v. Gottlober.

Nach Beendigung des Concerts Tanz.

Entrée 50 Pfennig.

Eintrittskarten sind im Vorverkauf bei sämmtlichen Mitgliedern des Musikvereins zu haben.

Es ladet höflichst ein   der Vorstand.

1523.   Sonntag den 19. Januar 1896

im Saale „zum Gambrinus", Nidda.

Zur Feier der 25jährigen Wiederkehr der Errichtung des Deutschen Kaiserreiches

Concert

ausgeführt von dem

Echzeller Musikverein (16 Mitglieder).

Ausgewähltes Programm.

Abb. 4: Programm zu einem Konzert des Musikvereins Echzell am Sonntag, 24. Februar 1895 im Gasthaus „Zum weissen Ross" in der Hauptstraße. Unten: Inserat aus dem Niddaer Anzeiger, welches ein Konzert in der Gartenwirtschaft im Karlshof zu Nidda am 19. Januar 1896 zum 25jährigen Bestehen des Deutschen Kaiserreiches ankündigte.

Abb. 5: Porpourrikarte mit verschiedenen Motiven aus Echzell, beför-
dert am 20. Juli 1914. Links oben: das Kaiserliche Postamt in der Lin-
denstraße; rechts oben: die alte Apotheke; links unten: das evangeli-
sche Pfarrhaus in der Lindenstraße; rechts unten: das Geschäftshaus
Hauptstraße 83 / Ecke Bäckergasse (früher Uhrengeschäft).

Das beginnenden Industriezeitalter ist gekennzeichnet durch die
Gründung von Genossenschaften und weiterer Vereine. Am 21. November 1890 hielt in Echzell der Landwirtschaftslehrer Uhlmann aus
Büdingen einen Vortrag zur Gründung einer Molkereigenossenschaft.
Diesen ergänzte der Verbandsrevisor Ihrig aus Offenbach mit Ausfüh-
rungen zur Gründung einer genossenschaftlichen Kasse. Spontan erfolgte die Gründung der „Spar- und Darlehenskasse eGmuH zu Echzell". 26 Personen hatten das Statut unterzeichnet und die *„Kasse war*
gegründet, als die Uhr nachts zwei schlug", nachzulesen im Protokoll
der Gründungsversammlung.

Abb. 6: Ein Blick in die Hauptstraße auf das Gasthaus „Zum Hessischen Haus", heute steht dort die Zweigstelle der Volksbank Mittelhessen, früher „Echzeller Bank".

Die Gründung des „Musikverein Echzell" erfolgte am 1. Dezember 1893. Durch eine sehr großzügige Spende des in Lindheim bei Altenstadt lebenden Schriftstellers Leopold von Sacher-Masoch konnten Instrumente und das entsprechende Notenmaterial angeschafft werden. Die damalige Besetzung dürfte mit dem heutigen Echzeller Blasorchester kaum etwas gemein haben, vermutlich handelte es sich um ein Salonorchester (Besetzung: Geigen, Cello, Klavier, Waldhorn, Trompete und weitere Instrumente). Der noble Spender des Geldbetrages von 500 Goldmark, Leopold von Sacher-Masoch, engagierte sich für die Belange der Landbevölkerung. In Lindheim erfolgte durch seine Initiative die Gründung einer Haushaltsschule. Mit dem „Oberhessischen Volksbildungs-Verein" (OVV) wurde die Grundlage geschaffen, um Kultur und Bildung auf dem flachen Land zu fördern. Dies zeigte sich in der Veranstaltung von Theateraufführungen, Konzerten und Vorträgen in den Orten der Wetterau. Bei der großen Trauerfeier für den edlen Spender am 12. März 1895 in Lindheim wirkte der Musikverein

Dampfmolkerei Echzell.

Abb. 7: Die neuerbaute Echzeller Dampfmolkerei um 1898. Die untere Bahnhofstraße und die Gänswirthsgasse („Hiesgasse") waren das Neubaugebiet für Echzell in der Zeit der Jahrhundertwende.

Echzell mit. Dieser Verein ist einer der wenigen Vereinsgründungen, die durch Unterstützung von Sacher-Masoch und des OVV gegründet wurden und heute noch bestehen.

Die „Molkereigenossenschaft Echzell" wurde am 19. Februar 1895 gegründet. Immerhin fanden sich dazu 243 Mitglieder aus Echzell, Bingenheim, Gettenau und Bisses bereit. Kein Wunder, denn die Landwirtschaft war die Haupterwerbsquelle der Echzeller Bürger. Im Jahr 1948 hatte diese Genossenschaft 570 Mitglieder, im Jahr 1982 waren es nur noch 130. Kurze Zeit später wurde der Betrieb eingestellt und die Echzeller Molkerei-Genossenschaft verschmolz mit anderen Molkereigenossenschaften aus der Umgebung in der „MoHa Frankfurt". Das Gebäude wurde von der Gemeinde Echzell übernommen und beherbergt nun einen Kindergarten, den Bauhof der Gemeinde und weitere Einrichtungen.

Eine weitere Maßnahme im letzten Jahrzehnt des ausgehenden 19. Jahrhunderts war die Freilegung des römischen Kastells. Der Darmstädter Hofrat Friedrich Kofler führte im Auftrag der „Reichslimeskommission" umfangreiche Ausgrabungen im Jahr 1897 durch. Es folgten weitere Grabungen mit zahlreichen interessanten Fundstücken. Unterkunft fand der Hofrat im Gasthaus „Zum Solmser Hof". Die Familie Schindewolf hatte das Unterkunftsverzeichnis, in dem sich die Daten von Kofler befanden, über viele Jahre aufgehoben.

Eine wichtige Verkehrseinrichtung nahm am 1. Oktober 1897 nach langen Planungs- und kurzen Baujahren ihren Betrieb auf – die eingleisige Bahnstrecke von Friedberg nach Nidda verbindet Echzell immer noch mit dem Rest der Welt.

1903 wurde eine „Landwirtschaftliche Bezugs- und Absatzgenossenschaft" in Echzell gegründet. Auch diese Genossenschaft konnte sich längere Zeit erfolgreich behaupten. Mit der Umstellung der Landwirtschaft von Handarbeit auf Maschinen waren die Hilfskräfte überflüssig geworden und die Kaltblüter nicht mehr zu gebrauchen. Das Ende kam langsam und schleichend. Jedoch ist auch in diesem Fall noch ein sichtbares Zeichen im Ort vorhanden: das Silogebäude in der nördlichen Hauptstraße ist mittlerweile zu einer Eigentumswohnanlage umgebaut worden.

Zur Ertüchtigung der Jugend wurde am 16. Mai 1903 der Turnverein Echzell gegründet. Hier fanden aus dem Wehrdienst entlassene Rekruten ein sportliches Betätigungsfeld zur Körperertüchtigung.

Durch die geschilderten Aktivitäten wird verständlich, dass in den Jahren vor dem Ausbruch des Weltkrieges 1914/18 eine patriotische Gesinnung in der Wetterau zu finden ist. Wir wissen nicht, wie sich dieser Patriotismus entwickelt hätte, wenn der eingangs erwähnte Krieg von 1870 einen anderen Ausgang genommen hätte – wir wissen aber, wie die folgenden Weltkriege ausgingen und wie schwer es in unserer Zeitepoche ist, den deutschen Patriotismus aufzuarbeiten.

Quellenangaben:

1200 Jahre Echzell, Heimatbuch, Ahnert-Verlag, Echzell-Bisses 1982

100 Jahre Echzeller Bank, Jubiläumsschrift

Blick in die Vereinsgeschichte, Festschrift 100 Jahre Musikverein Echzell, 1993

Sowie weitere im Beitrag genannte Quellen

Alle Abbildungen aus dem Besitz des Autors.

Die Familie Kaufmann

**Vortrag anlässlich des Festaktes
zur Einweihung des Mahnmals
für die Opfer der Judenverfolgung**

am 22. Februar 2015

von Dr. Jochen Degkwitz

59 Namen stehen auf dem Sockel unseres Mahnmals. Hinter jedem einzelnen verbirgt sich ein grausames Schicksal und ein schrecklicher, ein mutwilliger Tod. Und hinter vielen verbergen sich obendrein ganze Familienschicksale, teils von unfassbarer Grausamkeit, alle von unendlicher Traurigkeit.

Stellvertretend für alle Opfer – tote, ermordete, aber auch lebende und überlebende – möchte ich Ihnen die Geschichte einer Familie erzählen. Sie zeigt beispielhaft die volle Vielfalt der Schicksale unserer jüdischen Mitbürger, und sie zeigt uns auch, wie nah uns diese Ereignisse heute noch sind und kommen.

Viele ältere Echzeller erinnern sich noch gut an Max Kaufmann, der Auschwitz überlebte und nach Echzell zurückkam. Dies ist die Geschichte seiner Familie. Die Geschichte der Familie Kaufmann.

* * *

Am 22. Dezember des Jahres 1928 verstarb in Bisses im gesegneten Alter von 80 Jahren der Metzger und Viehhändler Simon Kaufmann. Er wurde hier auf dem jüdischen Friedhof in Echzell bestattet, unweit des Grabes seiner Frau Hilda geb. Rossmann, die er um vier Jahre überlebt hatte. Fünf Söhne hatten die beiden großzogen – das waren, dem Alter nach: Leopold, Theodor, Albert, Richard und Adolf. Alles Namen, die die deutsch-nationale, keineswegs die jüdisch-religiöse Identität hervorheben. Und – soweit man das den überlieferten Fotos entnehmen kann – waren sie alle fünf schlanke, hochgewachsene Kerle. Einer von ihnen – Albert – absolvierte seinen Militärdienst im 2. Preußischen Gardedragonerregiment in Berlin, in das nur besonders gut gewachsene Reiter aufgenommen wurden.

* * *

Dem ältesten der fünf Brüder, Leopold Kaufmann, konnten die Eltern ein Studium finanzieren. Er wurde Lehrer und war auch als Rabbiner tätig, zunächst jeweils kurze Zeit in Angenrod – das ist heute ein Stadtteil von Alsfeld – und in Birkenau im Odenwald, und dann war er ab etwa 1914 bis zum Berufsverbot durch die Nazis hoch angesehener Schulrektor in Dreieich, das heute zu Sprendlingen gehört.

Leopold Kaufmann war verheiratet mit Hilda Sonneborn aus Wölfersheim. Das Paar hatte drei Kinder, einen Sohn und zwei Töchter. Den Eltern gelang es, ihre Kinder vor den Deportationen in die USA auswandern zu lassen.

Sie selbst aber mussten bleiben und wurden mit der dritten Massendeportation aus Frankfurt am 22. November 1941 nach Osten verschleppt.

Der Transport sollte nach Riga gehen, wegen Überfüllung des dortigen Ghettos wurde der Zug jedoch nach Kaunas – russisch Kowno, so steht es auf dem Mahnmal – in Litauen umgeleitet.

Am Tag nach der Ankunft mussten sich alle Verschleppten – die überlieferte Transportliste weist 992 Namen auf – am Rande einer großen Grube aufstellen und wurden in einer Massenexekution erschossen.

Diesem Massaker fielen neben Leopold Kaufmann drei weitere Echzeller zum Opfer, nämlich Betty Henoch, eine der Schwestern von Bella Hampel, Emilie Heiser und Bernhard Simon.

An diesem 25. und vier Tage darauf am 29. November 1941 wurden in Kaunas knapp 5.000 Juden aus Berlin, München, Frankfurt am Main, Breslau und Wien erschossen – das war der erste Massenmord an Juden aus Deutschland. Insgesamt erschossen deutsche SS-Leute, ihre litauischen und ukrainischen Helfer von Juni 1941 bis Sommer 1944 an diesem Ort zwischen 20.000 und 30.000 jüdische Kinder, Frauen und Männer aus Kaunas, dem Deutschen Reich und aus Frankreich.

Ansprache

anlässlich der Einweihung des Denkmals für die Sprendlinger Holocaust-Opfer am 18. September 1988

von Professor Sam Finkelstein, einem Enkel von Leopold Kaufmann

übersetzt von Dr. Jochen Degkwitz

Ich bin jetzt zum zweiten Mal in Dreieich innerhalb eines Monats. Auf meinem Rückweg von Israel in die USA vor ein paar Wochen habe ich Dreieich und Deutschland zum ersten Mal besucht. Wie Sie wissen, bin ich nicht als Tourist nach Deutschland zurückgekommen, sondern um einige Worte über den Holocaust zu sagen und um Ihnen meine Gedanken zu übermitteln über die Widmung dieses Mahnmals für die Juden von Dreieich, die Opfer der Nazi-Schandtaten wurden und von denen drei meine Großeltern waren, Herr Leopold Kaufmann eingeschlossen.

Im Sommer 1987 hatte ich die Gelegenheit, in Polen zu studieren. Ich besuchte den Ort des Warschauer Judenghettos und die Todeslager in Majdanek und Auschwitz. In Auschwitz sah ich die Eisenbahngleise, das Schild über dem Eingang mit der Inschrift „Arbeit macht frei". Ich sah den Stacheldrahtzaun, der eine große Fläche umschließt, umgeben von Bäumen und singenden Vögeln. Ich sah den Bahnsteig in Auschwitz, wo Dr. Mengele seine Selektionen vornahm, und ja, ich sah die Gaskammern, die Krematorien und die Schuhe, die kleinen Schuhe der jüdischen Kinder, die ermordet wurden, weil sie das Verbrechen begangen hatten, jüdisch geboren zu sein. Ich habe es alles gesehen!! Bis heute kann ich nicht glauben und noch weniger verstehen, was ich in Auschwitz sah.

Was ich in Auschwitz gesehen hatte, nennt man heute den Holocaust oder auf Hebräisch die „Shoah". Ich stimme dem bekannten Stuttgarter Historiker Eberhard Jäckel zu, der am 12. September 1986 in einem Artikel in Die Zeit schrieb, dass „der nationalsozialistische Mord an den Juden deswegen einzigartig war, weil noch nie zuvor ein Staat mit der Autorität seines verantwortlichen Führers beschlossen und angekündigt hatte, eine bestimmte Menschengruppe einschließlich der Alten, der Frauen, der Kinder und der Säuglinge möglichst restlos zu töten, und diesen Beschluss mit allen nur möglichen staatlichen Machtmitteln in die Tat umsetzte." Es war eindeutig die Absicht des Nazi-Regimes, alle Juden in der Welt zu ermorden, und deswegen wird dieses Phänomen der „Holocaust" genannt, ein Ereignis, das in der Geschichte der Menschheit einzigartig ist.

Es heißt, die Nazi-Mörder seien „Tiere" gewesen und dass sie sich nicht wie menschliche Wesen verhalten hätten. Dem widerspreche ich heftig! Soweit ich weiß, haben Tiere nie ihrer eigenen Art das angetan, was die Nazis dem jüdischen Volk angetan haben. Man darf nie vergessen, dass der Holocaust, der Mord an sechs Millionen Juden, von de-

nen 1 1/2 Millionen Kinder waren, begangen wurde von Menschen mit menschlichen Eigenschaften. Insofern als der Holocaust eine Tat von Menschen war, ist es möglich, dass er wiederholt wird mit Bezug auf das jüdische Volk oder eine andere Gruppe. Was der Mensch einmal getan hat, das sollte man niemals vergessen, kann er auch wieder tun. In diesem Sinne kann der Holocaust als ein universelles Phänomen betrachtet werden, das heißt, er kann wiederholt werden. So kann man den Holocaust als zugleich einzigartig und universell verstehen.

Wenn ich heute hier stehe und das schöne Denkmal betrachte, dann, das muss ich zugeben, habe ich gemischte Gefühle. Mit großer Traurigkeit sehe ich in die Gesichter und schüttele ich die Hände derjenigen, die meinen Großvater und die anderen Juden von Dreieich kannten und liebten und die nicht in der Lage waren, aus welchem Grund auch immer, die größte Tragödie zu verhindern, die Menschen je erlebt haben. Es ist nicht an mir, den Deutschen zu vergeben, was sie getan oder was sie nicht getan haben zwischen 1933 und 1945. Nur die Opfer dieser Geschichtsepoche können vergeben, aber leider sind sie im Himmel.

Und doch stehe ich heute hier auch voller Freude und Hoffnung. Ich freue mich, weil die Freunde Sprendlingens, von denen ich die Ehre habe einige persönlich zu kennen, und die Stadt Dreieich dieses Denkmal errichtet haben in Erinnerung an die Juden von Dreieich, die Opfer des Holocaust waren.

Es ist meine inbrünstige Hoffnung, dass dieses Denkmal den Deutschen und der Menschheit zur beständigen Erinnerung dienen wird an das, was in Deutschland zwischen 1933 und 1945 geschehen ist. Als Professor ist es mein Traum, dass die Geschichte des Holocaust jeden jungen Menschen in der Welt gelehrt werden und immer gelehrt werden möge, so dass alle Menschen, trotz all ihrer Verschiedenheiten, sich eines Tages bei den Händen fassen und mit einer Stimme sagen: „Nie wieder – nie wieder!"

Ich danke Ihnen.

Quelle: The Sonneborn Collection
https://archive.org/details/sonnebornfamilyc01sonn p 146 ff

* * *

Der zweite der Kaufmann-Brüder, Theodor, wurde Metzger wie sein Vater. Er betrieb sein Geschäft in der Hauptstraße 91, dem Haus gerade gegenüber der Einmündung zur Lindenstraße, in dem Frau Ochsenhirt bis zu ihrem Tod ihre Wäschereiannahme betrieben hat. Er war verheiratet mit Emilie geb. Fuld aus Schaafheim, die beiden hatten zwei Söhne, Max und Julius.

Die Familie verzog 1936 nach Frankfurt und wurde von dort aus gemeinsam am 12. November 1941 in das Ghetto von Minsk deportiert; Theodor, Emilie und Julius Kaufmann sind irgendwo in den Ghettos oder Lagern umgekommen, Genaueres ist nicht bekannt.

Nur Max überlebte, und zwar im KZ Auschwitz. Er kehrte nach Echzell zurück, baute ein Haus in der Gettenauer Straße. Er verzog später nach Bielefeld, behielt aber lange Zeit noch eine Wohnung unterm Dach in seinem Echzeller Haus, wo er wohnte, wenn er, wie er es häufig tat, seine alte Heimat besuchte.

Nur wenige im Ort wissen, dass Max Kaufmann in Auschwitz war und dort von der Roten Armee befreit wurde; denn auch wenn er gefragt wurde – Max Kaufmann sprach nicht darüber, was er erlebt und erlitten hatte. Eben weil, wie wir das in den letzten Wochen von so vielen Überlebenden gehört haben, auch ihn Auschwitz nie verlassen hatte.

Max Kaufmann ist am 9. April 2000 im Alter von 86 Jahren in Bielefeld verstorben.

* * *

Der jüngste der fünf Brüder war Adolf Kaufmann. Er betrieb ebenfalls den Viehhandel und eine Metzgerei, und zwar in der Lindenstraße 29, auch nur einen Steinwurf von hier.

Er war verheiratet mit Martha Simon aus Echzell, die beiden hatten eine Tochter Hilde, 1924 geboren.

Die Familie emigrierte im Juni 1938 in die USA, Hilde heiratete dort nach dem Krieg Martin Selling aus Lehrberg in Franken.

Unser Arbeitskreis hatte vor einiger Zeit Gelegenheit, ein Interview mit Hilde Selling zu sehen, das sie 1996 der Shoah-Foundation von Steven Spielberg gegeben hat und in dem sie ausführlich über ihre Erinnerungen an ihre Kindheit in Echzell berichtet hat.

Steven Spielberg hat ja den Gewinn aus seinem Film *Schindlers Liste* in eine Stiftung eingebracht, die weltweit zigtausendfach Schilderungen von Überlebenden des Holocaust auf Video aufnahm, um sie für nachfolgende Generationen zu bewahren.

Hilde Kaufmann-Selling erwähnte in diesem Interview besonders die Treue ihrer direkten Nachbarn, die zu ihnen hielten und ihnen halfen, auch als man sich allgemein von den Juden abzuwenden begann, und auch noch, als der Nachbar aufs Amt zitiert wurde, wie er dazu käme, den Juden den Mist wegzufahren.

Diese Nachbarn waren die Eltern von Ernst Noll, und zum Dank schenkten ihnen die Kaufmanns, als sie dann auswanderten, einige Möbel und, ein ganz besonderer Luxus für Echzeller Verhältnisse in der 30er Jahren und noch lange danach, einen holzgefeuerten Badeofen. Ein schöner Jugendstil-Schreibtisch aus dem Besitz der Familie Kaufmann steht heute noch bei Ernst und Margret Noll.

Hilde ist jetzt 90 Jahre alt und lebt in Phoenix, Arizona, ihr Mann ist vor zehn Jahren gestorben. Nach Auskunft ihres Sohnes

Tom geht es ihr gut, und sie verfolgt mit Interesse, was hier in Echzell geschieht.

* * *

Der zweitjüngste der Brüder, Richard Kaufmann, führte die Metzgerei des Vaters in Bisses weiter.

Er war verheiratet mit Betty Lamm aus Kirtorf. Die beiden hatten zwei Töchter, Helma und Ruth, 1925 und 26 geboren. Unser Bürgermeister hat sie im letzten Jahr hier in dieser Kirche aus den Erinnerungen seines Vaters als zwei hübsche, blonde Mädchen geschildert.

Die Frau und Mutter war 1936 verstorben, aber die Schwiegereltern lebten bei Richard und den Kindern, das waren Sara und Julius Lamm.

Die fünf wohnten noch im November 1938 in Bisses und sind in den Berichten des damaligen Bürgermeisters über die sog. Kristallnacht erwähnt, in der Richard verhaftet und die Kasse der jüdischen Gemeinde, die er führte, beschlagnahmt wurde.

Erst 1941 verzog die Familie – der Schwiegervater war zwischenzeitlich gestorben – nach Frankfurt; von dort wurden sie am 20. Oktober 1941 gemeinsam ins Ghetto Lodz deportiert, wo alle vier elend umgekommen sind.

Helma und Ruth Kaufmann wurden nur 15 und 16 Jahre alt; nur für ihre Großmutter, Sara Lamm, ist mit dem 24. April 1942 das Todesdatum bekannt.

* * *

Bleibt noch der Mittlere, Albert, der preußische Gardedragoner.

Er lernte Kaufmann und heiratete nach Geinsheim am Rhein, heute ein Ortsteil der Gemeinde Trebur.

Seine Frau Hedwig geb. May und er hatten zwei Söhne, Manfred und Erwin. Es gelang ihnen, beide Jungen in die Emigration zu schicken. Erwin, der jüngere, war noch ein Kind von 13 Jahren, als er 1938 in die USA geschickt wurde.

Manfred ging 1937 im Alter von 16 Jahren nach Palästina. Er war eines von etwa 35 Kindern aus der Sonneborn-Verwandtschaft, deren Emigration nach Palästina von der Familie Sonneborn ermutigt und finanziert wurde. Die Frau seines Onkels Leopold, dem Sprendlinger Rabbiner, war eine geborene Sonneborn aus Wölfersheim.

Manfred, der sich später Menachem nannte, wurde nach einem 20jährigen Militärdienst in der israelischen Armee Professor für Geschichte an der Hebräischen Universität in Jerusalem und hat viel über das Judentum in Hessen geforscht und geschrieben. Einige seiner Arbeiten sind auf unserer Web-Site www.juedisches-echzell.de zu finden.

Über das Schicksal seiner Eltern berichtet er:

Mitte 1939 siedelten meine Eltern ins Judenviertel (das Ghetto) in Frankfurt um, und von dort wurden sie 1941 „nach dem Osten verschickt". ... Im Jahre 1942 hat ein Geinsheimer Soldat meinen Vater in gestreiften Häftlingskleidern als Zwangsarbeiter in einer „Entlausungsanstalt" in Bialystok getroffen. Er konnte einige Worte in „Geinsemer" Dialekt mit ihm wechseln. Als der Aufseher ihn daran zu hindern versuchte, sagte der „Geinsemer": „Aber er ist doch mein Nachbar", aber das half nichts. Mein Vater sagte ihm, dass meine Mutter „bei allen" ist. Das ist die letzte Nachricht über meine Eltern. Sie sind „verschollen". In den Listen der Vernichtungslager ist ihr Name nicht zu finden. Sei ihr Andenken gesegnet.

* * *

59 Namen stehen auf dem Sockel des Mahnmals, die Namen von 59 Menschen, die in Echzell, Bisses und Gettenau geboren wurden oder als Familienmitglieder hier gelebt haben. 59 Schicksale, die zusammengehören und die mit ungezählten anderen Schicksalen verknüpft sind.

Wer vergisst, wird blind dem Unrecht.

Wir wollen das Unrecht nicht vergessen, und wir wollen die Menschen nicht vergessen, denen dieses Unrecht widerfahren ist.

Sei ihrer aller Andenken gesegnet.

Die Familien
Löwenstein und Wormser

von Dr. Christian Becker

Nachdem es gelungen ist, den jüdischen Mitbürgern von Echzell, die in der Zeit von 1933 bis 1945 verfolgt, gequält und ermordet wurden, im Rahmen der Errichtung des Mahnmals ein würdiges Gedenken zu geben, sollte nun auch derer gedacht werden, die gezwungenermaßen ihre Heimat verlassen und sich unter schwierigen Umständen eine neue Existenz in der Ferne aufbauen mussten, um nicht dem Terror der Nazis zum Opfer zu fallen.

Durch genealogische Veröffentlichungen im Internet fanden sich Spuren der Familie Löwenstein aus Echzell. Darüber kam ich in Kontakt mit Klaus Lowenstein, dem Sohn von Julius Löwenstein, Metzgermeister aus Echzell. Er berichtete mir sehr ausführlich über die Geschichte seiner Familie, die im Folgenden nun dargestellt werden soll.

Die Vorfahren der Familie Löwenstein stammen aus dem Raum Gießen, die Ahnen der Echzeller Familie aus Steinberg (heute Pohlheim, Watzenborn-Steinberg), diese sind dort überwiegend als Viehhändler verzeichnet. Die Söhne des Seligmann Löwenstein, Moses und Isaak, verließen ihren Heimatort, um in der Metzgerei Mayer in Weckesheim das Metzgerhandwerk zu erlernen. Beide heirateten dort, und zwar die Töchter ihres Lehrherren, und ließen sich in Weckesheim nieder.

Da die Familien Mayer/Löwenstein mutmaßlich die einzigen jüdischen Familien in Weckesheim waren, ohne Anbindung an eine religiöse Gemeinde, und zur gleichen Zeit sich in Echzell die jüdische Gemeinde dadurch neu formierte, dass es in den Jahren 1865/66 zur Errichtung der Synagoge und zur Anlage eines neuen Friedhofes und einer Mikwe kam, liegt die Vermutung nahe, dass dadurch der Umzug der Familien Löwenstein und Mayer hierher zustande kam.

Nicht nur Isaak Löwenstein mit seiner Frau Emma und Tochter Jettchen, sondern auch Moses Löwenstein mit Frau Fanny und den Söhnen Sally und Siegmund, sowie der Bruder der Mayer-Schwestern, Moses Mayer, zogen nach Echzell zwischen 1869 und 1876. Dies ergibt sich aus den Geburtsurkunden der weiteren Kinder der Familien, die allesamt nach 1869 in Echzell geboren wurden.

Isaak Löwenstein betrieb seine Metzgerei in der Hauptstraße 85 (nach 1945 Metzgerei Philipp Werner), ebenso war er Viehhändler. Er hatte insgesamt fünf Kinder:

Die schon erwähnte Jettchen Löwenstein heiratete der Händler Isaak Goldschmidt aus Gettenbach. Die Familie überlebte offenbar den Holocaust, denn Klaus Lowenstein erinnert sich an Cousins und Cousinen seines Vaters, die in New York lebten.

Mathilde Löwenstein, geb. 1875 in Echzell, war unverheiratet, lebte später in Dieburg und wurde Opfer des Holocaust, ihr Name ist auf dem Echzeller Mahnmal verzeichnet. An dieser Stelle ist ihre Todesfallanzeige aus dem KZ Theresienstadt eingefügt (s. nächste Seite).

Der älteste Sohn des Isaak Löwenstein war Joseph, geb. 1872 in Echzell, der zusammen mit seinem Bruder Siegmund die elterliche Metzgerei weiterführte. Er heiratete Karoline Zimmermann aus Berstadt, sie bekamen zwei Kinder, Paula und Julius. Joseph und seine Frau verstarben beide in den 1920er Jahren mit 54 und 45 Jahren und sind in Echzell beigesetzt. Das Bild auf Seite 151 zeigt die Metzgerei, auf der Treppe stehen Julius und Paula, am Fenster Vater Joesph und Mutter Karoline.

Ghetto Theresienstadt
Der Ältestenrat

Dodatečný zápis nařízen.
Datum: Podpis:

No.

TODESFALLANZEIGE

Sterbematrik

| Name (bei Frauen) auch Mädchenname] | LÖWENSTEIN | Vorname | MATHILDE SARA | Tr. Nr. XVII/1-1134 |

Geboren am 10. 9. 1875 in Eschzell Bezirk Büdingen

Stand ledig Beruf ohne Relig. mos. Geschl. weibl.

Staatszugehörigkeit D R. Heimatsgemeinde Eschzell

Letzter Wohnort (Adresse) Darmstadt

Wohnhaft in Theresienstadt Gebäude No. A II früher L 312 Zimmer No: 19

Name des Vater Spack Löwenstein Beruf Letzter Wohnort Eschzell

Name der Mutter (Mädchenname) Emma geb. Mayer

Sterbetag 21.2.1943 Sterbestunde 5 - 40 Sterbeort: Theresienstadt

Genaue Ortsbezeichnung (Gebäude, Zimmer) A II - Z 19

	Name	Tr. Nr.	Verwandt-schaftsgr.	Wohnadresse (b. Gatten u. Kindern auch Geburtdaten)
in Theresienstadt				
im Protektorat				

Tag der letzt. Eheschliessung — Ort der letzt. Eheschliessung — Zahl d. Kinder aus letzt. Ehe —

Art des Personalausweises Kennkarte No. A 00041 Ausgestellt von Pol. Dieburg

Behandelnder Arzt: R. Kohn Ernst

Krankheit (in Blockschrift)

ANGINA PECTORIS Herzbräune

Todesursache (in Blockschrift)

MYODEGENERATIO CORDIS Herzmuskelentartung

Totenbeschau geführt durch Dr. Čapek Karl Tag u. Stunde der Totenbeschau 21/2. 43 5 - 55

Ort der Beisetzung Tag u. Stunde der Beisetzung

Theresienstadt, am 21/2. 1943

Der Totenbeschauer: Der Amtsarzt: M.U.Dr. ERICH MUNK Der Chefarzt:

Todesfallanzeige aus dem KZ Theresienstadt für Mathilde Löwenstein

Die Metzgerei Löwenstein in der Hauptstraße 85

Siegmund Löwenstein, geb. 1877, wurde Metzger wie sein Vater und arbeitete im elterlichen Betrieb. Er starb bereits 1928 und wurde auf dem Echzeller Friedhof beigesetzt. Seine Frau Jenny war eine geborene Wormser aus Zeitlofs (Unterfranken). Auf diese und weitere Verbindungen zwischen Löwenstein und Wormser wird im weiteren Text noch näher eingegangen. Jenny wurde von Frankfurt aus deportiert und 1941 im KZ Majdanek ermordet. Ihr Sohn Heinz Löwenstein, geb. 1920, mittlerweile verstorben, gelangte mit einem der sogenannten „Kindertransporte" nach England und überlebte, er änderte seinen Namen in Henry Lewis und zog später in die USA. Zum Thema der Kindertransporte zwischen 1938 und 1939 sei an dieser Stelle auf eine Homepage verwiesen, welche ausführliche Informationen dazu bietet: http://www.kindertransporte-1938-39.eu/

Über Levi Löwenstein, geb. 5. 5. 1879 in Echzell, einen weiteren Sohn der Familie, ist leider nichts bekannt. In den Echzeller Standesamtsunterlagen ist vermerkt, er sei ermordet worden, im „Gedenkbuch" ist er jedoch nicht als Opfer des Holocausts aufgeführt; der Levi Lö-wenstein, dessen Name im „Gedenkbuch" sowie auf dem Echzeller Mahnmal zu finden ist, ist sein im selben Jahr am 27. 1. geborener Vetter gleichen Namens – der Sohn von Moses Löwenstein, der als im Holocaust verschollen gilt und über den weiter unten berichtet wird. Bei Namensgleichheit und gleichem Geburtsjahr und -ort sind Verwechselungen nicht auszuschließen. Da von beiden nie wieder gehört wurde, ist leider zu befürchten, dass sie das Schicksal teilen, Opfer des Holocaust geworden zu sein, dass das „Gedenkbuch" aber nur einen Levi Löwenstein aus Echzell nennt...

Julius Löwenstein, geb. 1902, war der letzte Metzger, der den Betrieb in der Hauptstraße weiterführte. Als sein Vater starb, war er erst 25 Jahre alt. Er war mit Martha Wormser verheiratet, das Paar bekam zwei Kinder. Klaus Lowenstein, von dem die meisten Informationen dieses Textes stammen, wurde 1929 im St. Josef Krankenhaus in Gießen geboren, sein Bruder Manfred 1933 in Echzell.

Unter dem Eindruck der bereits zunehmenden antijüdischen Stimmung auch in Echzell verkaufte Julius Löwenstein 1933 sein Geschäft und zog mit seiner Familie nach Zeitlofs, dem Heimatort seines Schwiegervaters Gustav Gabriel Wormser, der dort als Einzelhändler tätig war. Sie blieben dort bis 1936 und zogen mit den Angehörigen nach Frankfurt um, als auch in Zeitlofs die antisemitischen Repressalien zunahmen.

In Frankfurt schließlich kam es zu einer kleinen Familienzusammenführung. Neben Julius Löwensteins Familie kamen gleichzeitig auch seine Schwester Paula, inzwischen eine verheiratete Mannheimer, mit Familie, Sali Wormser mit Familie aus Echzell (zu ihrer Geschichte später mehr) und die bereits erwähnte Jenny Löwenstein mit ihrem Sohn Heinz nach Frankfurt.

Klaus Löwenstein und sein Bruder besuchten das jüdische Gymnasium Philantropin im Nordend, das erst 1942 von den Nazis geschlossen wurde. Das Gebäude gehört seit 2004 wieder der jüdischen Gemeinde Frankfurt und dient heute erneut als Schule.

In der Pogromnacht 1938 wurde Julius Löwenstein verhaftet und in ein Konzentrationslager verbracht. Er wurde allerdings rasch wieder entlassen mit der Auflage, Deutschland innerhalb von sechs Wochen zu verlassen. Es gelang ihm, ein Visum und eine Passage nach Schanghai (China) zu bekommen, und er verließ das Land, ohne seine Familie mitnehmen zu können. Allerdings begleiteten ihn auf der Reise seine Schwester Paula Mannheimer und ihre Familie.

Martha Löwenstein und die beiden Söhne blieben in Frankfurt zurück. Sie hatten schließlich das Glück, ein lebensrettendes Visum für England zu erhalten und verließen Deutschland eine Woche vor Ausbruch des 2.Weltkrieges. Sie blieben in England bis 1943 und gelangten danach in die USA, wo bereits Vater Julius und der Rest der Familie angekommen war.

Neben der bereits erwähnten Jenny Löwenstein hat auch der Großvater Gustav Gabriel Wormser aus Zeitlofs den Holocaust nicht überlebt.

1992 kam Klaus Lowenstein zum ersten Mal wieder nach Deutschland und hat auch Echzell besucht. Leider fand er damals in Echzell niemanden, der bereit war, mit ihm zu sprechen oder ihm die Orte der ehemaligen jüdischen Gemeinde zu zeigen. Auch nach einem Gedenkort für die ehemaligen jüdischen Bürger suchte er vergebens. Er besuchte den Friedhof zusammen mit seinen Söhnen und fand auch die Grabsteine seiner Angehörigen. Auch wurde ihm leider der Zutritt zu dem ehemaligen Anwesen seiner Eltern in der Hauptstraße verwehrt, als er darum bat, einige Fotos machen zu dürfen.

Die Familie Wormser

Wie schon im vorangegangenen Text mehrfach erwähnt, gab es diverse Verbindungen der Löwensteins zur Familie Wormser. Diese und auch die Geschichte der Wormsers aus Echzell soll im weiteren dargestellt werden.

Die Familie Wormser stammt ursprünglich aus Gersfeld (Rhön), aus ihr sind einige Lehrer, Kantoren und Rabbiner hervorgegangen. Moses Wormser war ein angesehener Lehrer in Zeitlofs in Unterfranken und der Vater des bereits erwähnten Gabriel Wormser, sowie der Vater von Jenny Löwenstein (s.o.) und des in Echzell verheirateten Sali Wormser.

Sali Wormser heiratete wie seine Schwester Jenny nach Echzell. Seine Ehefrau Helene war eine geborene Rossmann. Ihr Vater, Kaufmann Rossmann, betrieb sein Geschäft in der Lindenstraße Nummer 12. Die Familie Rossmann stammt ursprünglich aus Wölfersheim, im Zuge der prosperierenden jüdischen Gemeinde Echzell kam es aber auch hier zu einem Zuzug. Die Familie Rossmann war mit vielen weiteren ansässigen Echzeller Familien verwandt, darunter auch die Familie Reis.

Auf einer alten Ansichtskarte ist das Geschäft von Kaufmann Rossmann (rechts oben) in der Lindenstraße gut zu erkennen.

Alte Postkarte mit Ansicht der Lindenstraße,

In den 20er-Jahren des zwanzigsten Jahrhunderts übernahm Sali Wormser das Geschäft von seinem Schwiegervater und führte es als Einzelhandelsgeschäft mit Kolonialwaren weiter, ein Schwerpunkt lag auf Tabakwarenhandel. Sali Wormser hat sich in Echzell integriert und engagiert, so war er im Gemeindevorstand der Jüdischen Gemeinde aktiv, war Mitbegründer und langjähriges Vorstandsmitglied des SV 1920 Echzell und wohl auch in weiteren Vereinen tätig. An dieser Stelle ein weiteres Bild des Geschäftes.

Foto des Hauses Lindenstraße 12. Sali Wormser steht vor dem Haus, im Fenster unten seine Frau Helene mit ihrem kleinen Sohn

Auch er und seine Familie wurden Opfer des zunehmenden anti-semitischen Drucks in Deutschland, wie auch in Echzell. Er verkaufte sein Geschäft an Hugo Mogk, der über viele Jahrzehnte weiter Einzel-handel im Haus betrieb. Familie Wormser übersiedelte nach Frankfurt, der Sohn, Siegfried Fritz Wormser, verließ Deutschland und ging nach Portugal. Seine Eltern blieben zunächst zurück.

Sali und Helene Wormser in den USA

Siegfried Fritz Wormser, vermutlich mit seiner Frau

Sali Wormser und seine Frau konnten schließlich noch vor Kriegsbeginn ein Visum für Portugal erhalten und verließen am 17.4.1939 an Bord des Schiffes „Hero" Bremerhaven mit Ziel Portugal. Gemeinsam mit ihrem Sohn kamen sie 1946 in den USA an. Dort trafen sie mit weiteren Angehörigen, unter anderem auch den Löwensteins, wieder zusammen.

* * *

An dieser Stelle möchte ich meinen herzlichen Dank an Klaus Lowenstein aus Boston, MA ausdrücken, der mich mit den meisten der aufgeführten Informationen versorgt hat und sehr interessiert die Aktivitäten des Arbeitskreises Jüdisches Leben in Echzell verfolgt.

Ebenfalls gilt mein Dank Paul und Miriam Scherer geb. Wormser, der Tochter von Siegfried Fritz Wormser, die auch aufgrund der Recherchearbeit des Echzeller Arbeitskreises im Mai 2015 zu Besuch nach Echzell kam, um nach Spuren ihrer Familie zu suchen. Sie und ihr Mann besuchten das Denkmal und den jüdischen Friedhof in Begleitung von Dr. Jochen Degkwitz, dem Vorsitzenden des Heimat- und Geschichtsvereines und Leah Frey-Rabine, Kantorin aus Bönstadt. Beide hat der Besuch sehr bewegt, insbesondere die herzliche Aufnahme in Echzell. Weitere Besuche hat das Paar angekündigt.

Die Familie Moses Löwenstein

Nach der Darstellung der Familiengeschichte des Isaak Löwenstein möchte ich an dieser Stelle über den anderen Zweig der Löwensteinfamilie aus Echzell berichten.

Moses, der Bruder Isaaks, heiratete Fanny Mayer aus Weckesheim und zog mit seiner Familie mutmaßlich etwas später als sein Bruder nach Echzell. Das Ehepaar hatte insgesamt fünf Kinder, von denen drei in Echzell geboren wurden. Moses hatte ebenfalls das Metzgerhandwerk erlernt, war aber in Echzell als Viehhändler tätig. Die Familie wohnte in der Eschbaumgasse 19.

Der älteste Sohn der Familie, Sally Löwenstein, geb. 1871 in Weckesheim, war mit Bertha Katzmann verheiratet und hatte seiner-

Ghetto Theresienstadt Der Ältestenrat	213,	Daten:	Podpis:	No.

TODESFALLANZEIGE

Sterbematrik

Name (bei Frauen) auch Mädchenname) L ö w e n s t e i n	Vorname Siegmund Israel	Tr. Nr. XII/2-315

Geboren am 16.7.1876	in Echzell	Bezirk Büdingen

Stand verheiratet	Beruf Kaufmann	Relig. mos.	Geschl. Männl.

Staatszugehörigkeit Deutsches Reich	Heimatsgemeinde

Letzter Wohnort (Adresse)
Frankfurt a.M.Scheffelstr.24

Wohnhaft in Theresienstadt Gebäude No. L 514	Zimmer No: 2

Name des
Vater

	Be- ruf	Letzter Wohnort

Name der
Mutter (Mädchenname)

Sterbetag 17.1.1943	Sterbestunde 15.45h	Sterbeort: Theresienstadt

Genaue Ortsbezeichnung (Gebäude, Zimmer)
L 514   Zimmer 2

	Name	Tr. Nr.	Verwandt- schaftsgr.		Wohnadresse (b. Gatten u. Kindern auch Geburtdaten):
in There- sienstadt	Löwenstein Sophie geb.Zimmermann	XII/2.316			30.11.1885
im Protektorat					

Tag der letzt. Eheschliessung	Ort der letzt. Eheschliessung	Zahl d. Kinder aus letzt. Ehe

Art des Personal- ausweises Kennkarte Kontrollabschnitt	No A 11381	Ausgestellt von Pol.Präs.Fr nkfurt a.M.

Behandelnder Arzt:
Dr.Otto Boorm nn

Krankheit (in Blockschrift)
MARASMUS   -   Entkraftung

Todesursache (in Blockschrift)
MARASMUS   -   Entkraftung

Totenbeschau führte durch Dr.W-x Bergmann	Tag u. Stunde der Totenbeschau 17.1.1943 17.40 h

Ort der Beisetzung Theresienstadt	Tag u. Stunde der Beisetzung 19.1.1943 15. 0h

Theresienstadt, am 17.1.1943

Der Totenbeschauer:	Der Amtsarzt:	Der Chefarzt:
N. Bergmann		

(c) holocaust.cz

Todesfallanzeige aus dem KZ Theresienstadt für Siegmund Löwenstein seits zwei Kinder, Ludwig und Paula, die in Echzell zur Welt kamen. Noch liegen zu Sally keine weiteren Informationen vor, außer dass die Familie noch in den 1930er Jahren in Echzell zusammen mit Großvater Moses lebte. Aus genealogischen Internetdaten geht hervor, dass Sally und Bertha 1970 bzw. 1975 in New York verstorben sind, über den Verbleib der beiden Kinder ist bislang nichts bekannt.

Siegmund Löwenstein, geb. 1876, war von Beruf Kaufmann und heiratete Sophie Zimmermann aus Ortenberg. Beide lebten auch dort, 1924 war Siegmund einer der Gemeindevorsteher in Ortenberg. Später zogen beide nach Frankfurt, wurden von dort aus deportiert. Siegmund Löwenstein wurde in Theresienstadt ermordet (s. Todesfallanzeige), seine Frau wurde 1943 von Theresienstadt nach Auschwitz transportiert und dort ermordet. Über Kinder des Paares ist nichts bekannt.. Der 1875 geborene Isidor Löwenstein war mit Rosa Adler aus Altenstadt verheiratet, beide lebten in Altenstadt, 1924 ist Isidor als einer von drei Gemeindevorstehern erwähnt. Er starb 1929 in Altenstadt, seine Frau wurde Opfer des Holocaust, sie wurde 1945 in Theresienstadt ermordet. Die beiden Kinder Paula und Siegfried konnten nach England bzw. USA emigrieren.

Levi Löwenstein, geb. am 27.1.1879 in Echzell, war in Butzbach mit Rosa Strauß verheiratet. Er betrieb in Butzbach in der Kasernenstr. 12 einen Tabakwarenhandel. Er wurde Opfer des Holocaust, nach den vorliegenden Daten (Database Yad Vashem) war er zeitweise in Buchenwald inhaftiert, wurde nach Polen deportiert und gilt als verschollen. Auch seine in Butzbach geborene Tochter Paula wurde in Auschwitz ermordet. Er ist auf dem Echzeller Mahnmal verewigt, in Butzbach wird seiner in Form eines Stolpersteines gedacht.

Zu dem 1882 in Echzell geborenen Julius Löwenstein liegen uns bislang keine Informationen vor.

Die Familie Aron Löwenstein

In den Standesamtsunterlagen hier und im Gedenkportal der Stadt Korbach ist eine weitere Familie Löwenstein verzeichnet, allerdings lassen sich derzeit die familiären Verbindungen nur mutmaßen. Aron Löwenstein könnte demnach ein Bruder von Moses und Isaak gewesen sein, er war mit Mina Schwarzwälder verheiratet. Die beiden Söhne der Familie, Gustav und Siegmund, wurden 1896 bzw. 1897 in Echzell geboren. Siegmund heiratete in Korbach, das Ehepaar lebte allerdings nicht dort. Gustav heiratete ebenfalls in Korbach, er lebte zuvor offenbar in Warburg und zog 1926 nach Mannheim um, allerdings ohne Frau und Tochter. Mehr ist zur Zeit über diese Familien und ihr Schicksal nicht bekannt.

Kurzbiographien der Autoren

Pfarrer Ernst H. Siebeck, geboren 1877 in Basel, gestorben 1947 in Echzell, war von 1926 - 1945 Pfarrer in Echzell und ein sehr aktiver Heimatforscher, der zahlreiche Aufsätze und Artikel zur Heimatgeschichte veröffentlicht hat.

Eine ausführliche Biographie und Würdigung von Dr. Ernst Koch-Grünberg findet sich im Echzeller Geschichtsheft 5.

Georg Renner, geboren 1938 in Hannover, Regierungsdirektor i.R. Nach dem Abitur Wehrdienst, 1960 Ausbildung in der Hessischen Finanzverwaltung. Leitender Groß- und Konzernbetriebsprüfer, zuletzt als Sachgebietsleiter im Finanzamt Frankfurt am Main V zuständig für die Betriebsprüfung der Kreditinstitute. Dozent an der Verwaltungsfachschulke in Rotenburg/Fulda, Gastdozent an der Bundesfinanzakademie, Dozent für die Steuerberaterkammer Hessen und für die Steuerakademie in Hessen e.V. Nach der Pensionierung in 2003 Steuerberater in einer der größten internationalen Wirtschaftskanzleien in Frankfurt am Main. Zahlreiche Veröffentlichungen auf dem Gebiet des Konzernsteuerrechts. Gründungsmitglied des Heimat- und Geschichtsvereins Echzell e.V. und seit Vereinsgründung 1982 bis März 2015 dessen 1. Vorsitzender, seither Ehrenvorsitzender.

Über **Hauptlehrer Otto Koch** ist uns zur Zeit nicht mehr bekannt als er selbst in seinem Text angibt: Otto Koch von Rodheim a.d.Horloff, von 1948 bis 1951 Lehrer. von 1951 bis 1953 Hauptlehrer und Schulleiter, 1953 pensioniert.

Heinrich Mimberg, geboren 1950 in Echzell. Nach dem Besuch der Volksschule Echzell folgte eine Ausbildung zum Schriftsetzer. Studium an der Abend-Fachschule für Drucktechnik in Frankfurt. Der technische Wandel der Druckindustrie vom mittelalterlichen Handsatz führte ihn in die „bleifreie" Zukunft bei einer Frankfurter Tageszeitung, dort war er für die Produktion der Zeitung in der Redaktion tätig. Zur Vorbereitung der 1200-Jahrfeier im Jahr 1982 fanden sich einige interessierte Mitbürger, um die Echzeller Geschichte im Buch 1200 Jahre Echzell festzuhalten. Aus dieser zunächst lockeren Vereinigung entstand nach der Jubiläumsfeier der Heimat- und Geschichtsverein Echzell, zu dessen Gründern der Autor gehört. Er wohnt seit 1989 in Frankfurt am Main und hat in den vergangenen Jahren zahlreiche Artikel zur Postgeschichte der Wetterau verfasst. Er ist Schriftleiter für den DASV – Deutscher Altbriefsammler-Verein.

Dr. Jochen Degkwitz, geboren 1949 in Flensburg, aufgewachsen in Holstein, Abitur 1968 am altsprachlichen Zweig der Kaiser-Karl-Schule in Itzehoe, anschließend Studium der Geschichte, Philosophie und Sinologie in Hamburg und von 1974-76 an der Fu-Jen-Universität in Taiwan, 1983 Promotion zum Dr. phil. der Universität Hamburg. Ab 1981 tätig in verschiedenen Positionen in Frankfurter Großbanken, zuletzt als Direktor. Er wohnt seit 1987 in Echzell, ist aktives Mitglied im Arbeitskreis jüdisches Leben und seit März 2015 1. Vorsitzender des Heimat- und Geschichtsvereins Echzell e.V.

Dr. Christian Becker, geboren 1968 in Friedberg, aufgewachsen und zur Schule gegangen in Echzell, Kurt-Moosdorf Schule und Internatsschule Lucius 1974-1987. Grundwehrdienst 1987-1988 in Wolfhagen, Humanmedizin Studium in Gießen 1989-1995, Assistenzarzt in Lich, Dieburg und Gießen 1995-2000, seit 2001 niedergelassener Allgemeinmediziner in Grünberg.

Vereinschronik

zusammengestellt von Dr. Jochen Degkwitz

Die Chronik umfasst die Kalenderjahre 2011 - 2016.

23.02.2011	Lichtbildervortrag von Frau Prof. Dr. Dölemeyer: „Wilhelm Christoph, Landgraf von Hessen-Homburg und Hessen-Bingenheim und seine Frauen"
03.03.2011	Jahreshauptversammlung im Solmser Hof
04.09.2011	Besuch der Sonderausstellung „Archäologie entlang der B3a-Trasse" unter der Führung durch den Kreisarchäologen und Vorstandsmitglied Dr. Jörg Lindenthal
Dezember 2011	Drucklegung von Heft 13 der Echzeller Geschichtshefte
10./11.12.2011	Museum anlässlich der „Echzeller Glühweihnacht" durchgehend geöffnet
14.03.2012	Jahreshauptversammlung im Solmser Hof
18./19.09.2012	Teilnahme am Echzeller Kirchplatzfest mit dem Verkauf von Kaffee und Kuchen im Museumshof
30.09.2012	Exkursion zur Keltenwelt am Glauberg
21.03.2013	Jahreshauptversammlung in der Horlofftalhalle
16./17.03.2013	Teilnahme am Ostermarkt der Echzeller Landfrauen
18.03.2014	Jahreshauptversammlung in der Horlofftalhalle
06./07.09.2014	Teilnahme am Echzeller Kirchplatzfest mit dem Verkauf von Kaffee und Kuchen im Museumshof
16.03.2015	Jahreshauptversammlung in der Horlofftalhalle
22.03.2015	Teilnahme am Ostermarkt der Echzeller Landfrauen

16.09.2015	Besuch des Vorstandes im Hessenpark - fachkundige Information über die Depotsituation und Führung durch die Depotbestände des Hessenparks
17.03.2016	Jahreshauptversammlung in der Horlofftalhalle
11.05.2016	Pressetermin zum Internationalen Museumstag im Museum Echzell mit dem Landrat des Wetteraukreises
22.05.2016	Internationaler Museumstag, Eröffnung einer Sonderausstellung zur Geschichte des 1835 gegründeten örtlichen Gesangvereins
Juli 2016	Herausgabe des Sonderbandes I der Echzeller Geschichtshefte: *Die Chronik der Familie Stoll zu Echzell und Gettenau*
29.08.2016	Die archäologische Radtour des Landrats und des Kreisarchäologen, Vorstandsmitglied Dr. Jörg Lindenthal durch die Echzeller Gemarkung macht Station im Museum Echzell
03./04.09.2016	Teilnahme am Echzeller Kirchplatzfest mit dem Verkauf von Speiseeis sowie Kaffee und Kuchen im Museumshof
18.09.2016	Chorkonzert des Gesangvereins Einheit Echzell e.V. im Museumshof
18.11.2016	Lesung im Museum für Vor- und Grundschulkinder mit der Lese- und Literaturpädagogin Claudia Lang zum Thema „Wer war Jupiter?", organisiert vom Förderverein Amaryllis anlässlich des bundesweiten Vorlesetages
04.12.2016	Teilnahme an der Weihnachtsbaum-Schmück-Aktion des Fördervereins Amaryllis mit Öffnung des Museums

Bisher erschienen folgende
ECHZELLER GESCHICHTSHEFTE:

Alle Hefte (außer Heft 3) sind noch verfügbar und über den Heimat- und Geschichtsverein Echzell zum angegebenen Einzelpreis zzgl. Versandkosten zu beziehen. Der komplette Satz - alle 14 verfügbaren Hefte im Paket - kostet € 75,-- inklusive Versand.
Bestellungen bitte an den 1. Vorsitzenden per E-mail unter jochen@degkwitz.de.

Heft 1   **1984**
48 Seiten; € 3,--

Dr. Ernst Koch-Grünberg
 Die politischen Ereignisse im Großherzogtum Hessen 1830 und 1848

Heinrich Mimberg
 Flurbezeichnungen im Echzeller Wald

Prof. Dr. Peter Kneißl
 Die beiden wichtigen Königsurkunden

Rudolf Kießling
 Ansprache als örtlicher Denkmalspfleger zum Jubiläumsfest 1982

Heft 2   **1985**
64 Seiten; € 5,--

Bernd Steidl
 Vorgeschichte im Echzeller Raum

Rudolf Kießling
 Die Echzeller Lateinschule

Georg Renner
 Landgraf Wilhelm Christoph von Hessen-Bingenheim

Helmut Ohlmes
 500 Jahre Gettenauer Kirche 1485 - 1985

Gerhard von Bose
 Die Bose

Heft 3   **1986**
96 Seiten; leider vergriffen

Birgit Höhn M.A.
 Eine vorgeschichtliche Siedlung auf dem Wannkopf bei Echzell

Bernd Steidl
 Das römische Kastell Haselheck

Dr. Ernst Koch-Grünberg
 Die große Auswanderung von Echzell nach Nord-Amerika im 19. Jahrhundert

Detlef Papsdorf
Skizzen zur Entwicklung des Medizinal- und Apothekenwesens der Landgrafschaft Hessen Darmstadt

Axel Heiderhoff und Frank Laig
Der Bahnbau in Echzell

Rudolf Kießling
Nur näit die Bauerschleut für domm verkaafe

Heft 4   1987
80 Seiten; € 5,--

Birgit Höhn M.A.
Archäologische Untersuchungen in der jungsteinzeitlichen Siedlung auf dem Wannkopf bei Echzell

Bernd Steidl
Römische Gräber aus Gettenau

Rudolf Kießling
Die Flurnamen der Feldgemarkung Bingenheim im Wandel der Zeit

Axel Heiderhoff und Frank Laig
Bahnstrecke Friedberg-Echzell-Nidda

Wilhelm Holler
Der Hinkelstein - Flurbezeichnungen

Gerhard Steinl
Die Bose (Ergänzungen)

Wilhelm Holler
Die Arledder

Rudolf Kießling
Wer läiwe will, muß leire

Heft 5   1988
100 Seiten; € 5,--

Dr. Ernst Koch-Grünberg
(Erläuterungen) Pfarrer Siebecks Tagebuch der Jahre 1944 bis 1947

Petra Rentschler
Ein Heimatmuseum entsteht - Konzeption und Aufbau der neueren Abteilung des Heimatmuseums

Heft 6   1989
64 Seiten; € 5,--

Bernd Steidl
Landwirtschaft und archäologische Bodendenkmäler

Detlef Papsdorf
Die verwandtschaftlichen Beziehungen der beiden ersten Apotheker in Echzell

Rudolf Kießling
Die Echzeller Unternehmerfamilie Schwarz

Wilhelm Holler
Das Geschlecht der Arledder und ihrer Nachfolger in Echzell

Rudolf Kießling
Mundartsplitter – Voanne gerihrt, brennt heanne näit oh(n)

Heft 7   1991
74 Seiten; € 5,--

Bernd Steidl
Ausgrabungen im römischen Kastell-
vicus von Echzell

Dieter Wolf M.A.
Echzell - ein Dorf in der mittelalterlichen Wetterau

Wilhelm Holler
Die Kirchenstrafen nach dem Dreißigjährigen Krieg

Wilhelm Holler
Ahnenforschung, Teil 1

Helmut Noll
100 Jahre Echzeller Bank eG

Heft 8   1993
56 Seiten; € 5,--

Dr. Mathilde Schleiermacher
Die römischen Wand- und Deckenma-
lereien aus dem Limeskastell Echzell

Wilhelm Holler
Ahnenforschung, Teil 2

Echzeller Bräuche
aufgezeichnet von Lehrer *Johann
Philipp Barth*

Heft 9   1995
80 Seiten; € 6,--

Bernd Steidl
Neue Funde aus dem prähistorischen
Grabhügelfeld im Berstädter Mark-
wald

Stephanie Steidl
Die Hexenprozesse im Amt Bingenheim von 1654

Kurt Mogk
Die Orgel – Königin der Instrumente

Heinrich Mimberg
150 Jahre Post in Echzell, Teil 1

Heft 10   1997
112 Seiten; € 8,--

Reiner Isheim
Verzeichnis der Hexenprozesse in der
Landgrafschaft Bingenheim

Kurt Mogk
Die Glocken in den Kirchen von
Echzell

Heinrich Mimberg
150 Jahre Post in Echzell, Teil 2

Kurt Mogk
Schulhaus-Neubau vor 150 Jahren

Heft 11   2001
48 Seiten; € 5,--

Dr. Jörg Lindenthal
Reste einer Jupitersäule vom Melba-
cher Kreuz

Kurt Mogk
Epitaph des Pfarrers und Superintendenten Georg Nigrinus in der Echzeller Kirche

Prof. Dr. Barbara Dölemeyer
Landgraf Wilhelm Christoph, der
„Bingenheimer"

Heft 12   2005
72 Seiten; € 8,--

Dr. Bernd Steidl
Das römische Echzell – Ein Militär-
platz am obergermanischen Limes

Dr. Jörg Lindenthal
Von den Kelten bis zu den Alamannen

Dr. Jörg Lindenthal
Rekonstruierte Jupitersäule feierlich
enthüllt

Manfred Breitmoser
Die Erstausstattung der Kirche zu
Gettenau

Konrad Schneider
Vom frühen Traum eines Kur- und
Mineralwasserversandbetriebes in
Grund-Schwalheim und seiner
späteren Verwirklichung

Heft 13   2011
64 Seiten; € 8,--

Dr. Jochen Degkwitz
Der Ortsname Echzell – ein ungelö-
stes Rätsel

Nicole Boenke M.A. und
Dr. Jörg Lindenthal
Alamannen auf der Heinrichswiese –
und was sonst noch geschah...

Prof. Dr. Barbara Dölemeyer
Wilhelm Christoph, Landgraf von
Hessen-Homburg und Hessen-
Bingenheim

Georg Renner
Tischbeins „Goethe in der römischen
Campagna

Sonderband I   2016
112 Seiten; € 8,--

Wilhelm Stoll V. (1810 - 1889)
Ernst Philipp Stoll (1843 - 1924)
Philipp Stoll (1874 - 1959)
Die Chronik der Familie Stoll („Ben-
nersch") zu Echzell und
Gettenau

Sonderband II   2017
56 Seiten; € 6,--

Jürgen Frieß
Die Kriegspostkarten des Wilhelm
Reuß aus Echzell 09/1914 - 01/1917

Zeitfracht Medien GmbH
Ferdinand-Jühlke-Straße 7
99095 Erfurt, Deutschland
produktsicherheit@kolibri360.de